Über dieses Buch Die beiden Erzählungen kreisen wie häufig bei Pearl S. Buck um den Wendepunkt im Schicksal und Leben von Frauen verschiedener Altersgruppen und sozialer Herkunft: Sie schildert das Lebensgefühl einer neuen Generation, die ihren Standpunkt mutig vertritt.

Die Autorin Pearl S. Buck, 1892 in West Virginia/USA geboren, kam mit ihren Eltern, die in der Mission in China tätig waren, im Alter von fünf Monaten nach China. Dort verbrachte sie, mit Unterbrechung ihres Studiums in England, 40 Jahre ihres Lebens. 1930 schrieb sie ihr erstes Buch ›Ost Wind, West Wind‹, 1931 ›Die gute Erde‹, für das sie den Pulitzerpreis erhielt. 1938 bekam die Autorin als erste amerikanische Frau den Nobelpreis. Zahlreiche Romane, Erzählungen, die überwiegend in Ländern des Fernen Ostens spielen und religiöse sowie ethische Probleme zum Inhalt haben (Triumph der Menschlichkeit) folgten. 1973 starb Pearl S. Buck in Danby/Vermont/USA.
Eine Aufstellung ihrer im Fischer Taschenbuch Verlag erhältlichen Bücher finden Sie im Anhang dieses Bandes.

Pearl S. Buck

Antwort auf das Leben

Erzählungen

Aus dem Amerikanischen von
Anke Schmidt und Robby Remmers

Fischer Taschenbuch Verlag

Ungekürzte Ausgabe
Veröffentlicht im Fischer Taschenbuch Verlag GmbH,
Frankfurt am Main, Juli 1991

Umschlaggestaltung: Manfred Walch, Frankfurt am Main
Umschlagfoto: Helga Lade Fotoagentur, Frankfurt
Druck und Bindung: Clausen & Bosse, Leck
Printed in Germany
ISBN 3-596-28327-2

Antwort auf das Leben

I

Jennet Maclean erhob sich zwischen den mit schwarzen Roben bekleideten Senioren ihrer Schlußsemesterklasse und suchte mit den Augen die Sitzreihen vor sich ab. Seit einer Stunde schon hatte sie jede Bewegung im Publikum beobachtet. Würde ihre Mutter da sein, wenn sie an der Reihe war? Heute morgen beim Frühstück war ihnen schon klargeworden, daß es unter Umständen nicht möglich war. Das Telefon hatte geläutet und ihre Mutter hatte, ohne vom Frühstückstisch aufzustehen, nach dem Hörer gegriffen. Jennet hatte beobachtet, wie auf dem Gesicht ihrer Mutter der ernste, konzentrierte Ausdruck erschien, den sie immer »dein medizinisches Gesicht« genannt hatte. Sie hörte der einseitigen Unterhaltung zu.
»Haben Sie das Kind schon gemessen? . . . Dann halten Sie ihn mit einer Decke warm. In einer halben Stunde bin ich bei Ihnen. Nein, geben Sie ihm nichts zu essen.«
Dann hatte ihre Mutter wieder aufgelegt, ohne zu sagen, wer der Anrufer war. Sie sprach niemals über ihre Patienten, nicht einmal innerhalb ihrer Familie. Für je-

den flüchtigen Beobachter frühstückte sie nun weiter, als wäre nichts gewesen, aber Jennet kannte jede Regung in diesem müden Gesicht und an der kleinen, aufrechten Gestalt, sie sah die Anspannung jedes kleinen Muskels und Nervs. Und sie mußte sich einfach noch einmal vergewissern:
»Oh, Mutter, hoffentlich kommst du rechtzeitig zu meiner Promotion!«
»Sicherlich«, hatte Dr. Angie Maclean gesagt. Sie warf einen langen, traurigen Blick auf ihre große, dunkelhaarige Tochter. Jennet glich ihrem Vater, und dafür war Dr. Maclean ewig dankbar. »Für mich war es immer ein Nachteil, so klein und zierlich zu sein«, hatte sie schon oft gedacht. »Aber das soll nicht heißen, daß ich mir Jennets Leben genauso wie meines vorstelle«, war immer der zweite Gedanke gewesen.
Ihr Blick richtete sich auf ihren Mann, der an der Schmalseite des Frühstücktisches saß, und ihr Gesicht entspannte sich. Groß und gutaussehend saß er da, seine dunklen Augen abwesend, sein Mund sanft.
»Du wirst Jennet begleiten, nicht wahr, Gareth?«
Gareth Maclean zögerte den unausweichlichen Moment lang, den er für eine Antwort brauchte.
»Gewiß, Angie.« Er sah zu ihr auf, als er ihren Namen sprach, und sie erkannte das, was sie Tausende von Malen in diesen letzten Jahren in seinem Blick gesehen hatte, diese Leere und Verständnislosigkeit, die sie keinem Menschen gegenüber je erwähnt hatte, nicht einmal Jennet. Hatte Jennet etwas bemerkt? Nein, wahrscheinlich nicht. Jennet war erst ein Jahr alt gewesen,

als Gareth aus Frankreich zurückkehrte, und daher kannte sie ihn nur so, wie er seither war.
»Das ist lieb von dir, Liebling«, sagte sie sanft. Sie lächelte beide an, und mit dem ihr unbewußten, aber typischen kleinen Kopfnicken hatte sie im nächsten Augenblick schon das Zimmer verlassen.

Unten in der ersten Bankreihe der Universitätskapelle sah Jennet jetzt ihren Vater. Ohne eine Bewegung hatte er während der langen Zeremonie dagesessen, sein schöner, weißhaariger Kopf etwas vornübergesunken, die schmalen Hände gefaltet. Sie kannte diese Hände genau, denn sie besaß die gleichen. »Chirurgenhände«, hatte ihre Mutter einmal mit ihrer weichen, abrupten Stimme gesagt. Sie hatte eine von Jennets jungen Händen in die ihren genommen und sie genau betrachtet. »Genau wie die Hände deines Vater«, hatte sie gesagt und die Hand wieder losgelassen.
In diesem Augenblick hob Gareth den Kopf und sah vorne groß und schlank seine Tochter in ihrer langen, schwarzen Robe stehen. Er lächelte unsicher zu ihr hinauf und fühlte sich, als sie sein Lächeln erwiderte, glücklich. Jennet war ein wunderbares Mädchen. Alles, was sie begann, machte sie gut – zur großen Befriedigung für Angie natürlich. Er seufzte, und wieder sank sein Kopf vornüber. Jennets Stimme erklang, sehr klar, und strömte irgendwo über ihn.
»Wir, die wir hier am Beginn unseres Lebens in dieser Welt stehen ...« Nein, ihre Mutter war nicht gekommen, dachte sie. Nun, dann mußte sie trotzdem so fort-

fahren, als wäre sie da. Aber in diesem Augenblick öffnete sich die Tür der Kapelle, und sie sah die kleine, schmale Gestalt ihrer Mutter hereinkommen; sie ging durch die Mitte der Sitzreihen, winkte ihr verstohlen zu, setzte sich und nahm ihren Hut ab. Jennifer atmete tief durch, hob den Kopf und begann von neuem. »Wir, die wir hier am Beginn unseres Lebens in dieser Welt stehen«, wiederholte sie zuversichtlich. –

»Oh, ich hatte solche Angst, daß du nicht mehr kommen würdest«, murmelte sie und drückte den kleinen weichen Körper ihrer Mutter. »Das hätte ich dir nie verzeihen können!«
Sie waren jetzt wieder zu Hause und in ihrem Zimmer. Auf ihrem Bett lagen zusammengeknüllt der Talar und der Doktorhut, Blumen, Examensgeschenke und noch ungeöffnet das Diplom.
»Ich habe es nur gerade noch geschafft«, seufzte Angie Maclean. Die starken, jungen Arme ihrer Tochter drückten ihr fast die Rippen ein, aber um nichts in der Welt hätte sie das erwähnt. Früher hatte Gareth sie genauso umarmt, als sie noch zusammen bei John Hopkins waren.
»So, und nun«, befahl Jennet glücklich, »nun setzt du dich in meinen großen Sessel, legst deine kleinen Hände in den Schoß, so, siehst du, und wartest, bis ich dir mein Diplom zeige.« Sie führte ihre Mutter zu dem roten Sessel und legte ihre Hände zusammen, dann zog sie aus dem wirren Haufen auf dem Bett das Diplom. »Und jetzt«, sang sie, »jetzt löse ich die Schnur, rolle

das Papier auf und dann werde ich es dir zeigen. Vier Jahre lang, Dr. Maclean, habe ich dafür geschuftet – oh, Mutter!« Plötzlich setzte sich Jennet auf den kleine Fußschemel. »Sie haben mir summa cum laude gegeben!«

»Warum nicht?« sagte ihre Mutter ganz ruhig, aber ihre Augen leuchteten.

»Oh, das hab' ich nicht erwartet!«

»Phi Beta Kappa und alles?«

»Also nein! Weißt du, jemand hat mir erzählt, der Dekan hätte gesagt, daß die Summas nur an die männlichen Studenten gingen – wie üblich!«

»Nicht unbedingt wie üblich«, sagte ihre Mutter.

Jennet lachte. »Aber trotzdem, Dr. Maclean, bleibt die Tatsache, daß es ungewöhnlich ist, jedenfalls für deine Tochter.«

»Nicht unbedingt«, wiederholte ihre Mutter. Dann stellte sie Jennet die Frage, die sie in all diesen Jahren nicht an sie gerichtet hatte, da sie ihre Tochter weder so noch so beeinflussen wollte, und auch, weil sie im tiefsten Herzen eigentlich nicht wußte, welche Antwort sie sich von Jennet erhoffte. »Und was willst du nun damit machen?«

Jennet zog ihre dunklen Augenbrauen in die Höhe. »Hiermit?«

»Hiermit!« sagte ihre Mutter bestimmt.

»Nun, weiter zur Medizin natürlich!«

Also, dachte Dr. Maclean, sollte ihr Herz jetzt beruhigt sein. Jennet hatte sich absolut eigenständig entschieden. Sie hatte selbst gesehen, was es bedeutete, Arzt zu sein

– noch dazu ein weiblicher Doktor. Sie hatte ihr anstrengendes Leben vor ihr weder verborgen noch sich darüber beklagt, außer in dem einen Punkt, ihrem ganz geheimen, der jedoch nichts mit ihrem Berufsleben zu tun hatte. – »Bist du dir ganz sicher?«

»Ja!«

Einer der Punkte, die Jennets besonderen Charme ausmachten, war die Art, wie sie »Ja!« rief, rückhaltlos, glücklich, begeisternd. Und doch, könnte sie nur halb so sicher sein wie Jennet, so sicher wie sie sich gefühlt hätte, wäre Jennet ein Junge gewesen – den John, den sie sich immer gewünscht und nie bekommen hatte, weil es nach Gareths Rückkehr nicht mehr möglich war. Und dann hatte es auch nie den Zeitpunkt ihrer Karriere gegeben, zu dem sie hätte aufhören können, um ein weiteres Kind zu bekommen. Ihr Beruf hatte sie vollständig in Anspruch genommen. –

»Leicht wird es dir nicht werden«, sagte sie.

»Das macht mir nichts«, sagte Jennet. Sie lächelte ihre Mutter zuversichtlich an und rollte dann sorgfältig das Diplom wieder zusammen.

»Fachgebiet?« fragte ihre Mutter.

Jennet ließ das Diplom aufs Bett fallen und streckte ihre Hände vor. »Chirurgie«, sagte sie.

»Das«, gab ihre Mutter zu bedenken, »das wird das Schwierigste von allen sein.«

Diese furchtlosen dunklen Augen, genau wie die von Gareth in ihrer ersten Zeit!

»Chirurgie gilt ganz besonders als männlicher Tätigkeitsbereich«, sagte sie leise.

»Als ob das eine Rolle spielte – heutzutage!« lachte Jennet. Ihr sattes, fröhliches Lachen rollte wie eine Woge aus ihrer Kehle. Alles an diesem Mädchen war groß, dachte ihre Mutter, während sie sie beobachtete, dieses große Lachen, die schönen, schlanken, großen Hände, ihre hohe Gestalt und ihr schöner Kopf. Aber wie weiblich alles doch gleichfalls war, wie sanft ihr Mund und wie weich sich ihre Haare kringelten, wie kindhaft!

»Ich habe mir noch niemals gewünscht, daß du ein Junge geworden wärest«, sagte sie plötzlich.

»Tust du es jetzt?« Jennet war wieder ernst geworden.

»Ja, gewissermaßen.«

»Und warum jetzt?«

»Damit du beim Start die gleichen Chancen hättest.«

Mutter und Tochter sahen sich an.

»Hast du Mut genug, um einen fast hoffnungslosen Nachteil zu überwinden, Jennet?«

»Als eine Frau, Mam?«

»Als eine Frau, ja.«

Jennet schob ihr dunkles Haar aus dem Gesicht. Und dann kam wieder ihr großes, überzeugendes: »Ja!«

»Das ist wohl ihre immerwährende Antwort auf das Leben«, dachte ihre Mutter und war zufrieden.

»Warum denn ausgerechnet Chirurgie, Jennet?«

Im Büro des Lehrstuhlinhabers für Chirurgie saß Jennet Dr. Farland gegenüber, den sie schon von klein auf kannte.

»Weil es mich interessiert, und weil ich das machen möchte, Sir.«

»Es gibt eine Menge Bereiche, die einfacher wären.« Jennets hübscher Mund verzog sich. »War das für Sie ausschlaggebend, als Sie in meinem Alter waren?«
»Ich war keine Frau«, platzte Dr. Farland heraus. Er strich sich mit der Hand über die Augen. War er müde oder brauchte er schließlich doch eine Brille?
»Das ist doch Unsinn«, brüskierte ihn Jennets helle Stimme unverhofft.
»Theoretisch ja. Praktisch nicht. Chirurgen sind fast immer Männer, und das ist nur allzu menschlich. Außerdem –,« er sah auf seine Uhr. In einer halben Stunde mußte er im OP sein! Er blätterte zerstreut in Jennets Unterlagen. »Es ist nur vernünftig, klarzusehen. Warum kann es nicht Kinderärztin oder Geburtshelferin sein? Dort hättest du keinerlei Schwierigkeiten.«
»Weil ich Chirurgin werden will«, sagte Jennet.
Er verlor die Geduld, die in letzter Zeit immer mehr nur an einem seidenen Faden hing. Er wußte auch warum. Es war idiotisch, daß es ihm so viel ausmachte, daß sein einziger Sohn kein Arzt werden wollte. Aber es machte ihm etwas aus. Er selbst verkörperte die fünfte Generation in seiner Arztfamilie. Und da weigerte sich Francis so leichtfertig, auch nur herauszufinden, ob seine Entscheidung richtig oder falsch war, weigerte sich selbst, probeweise ein Jahr lang Medizin zu studieren; das war ein Vertrauensbruch gegenüber diesen fünf Generationen von Ärzten unter seinen Vorfahren. Und seine Mutter stand auch noch auf der Seite des Jungen. Wenn Edith gewußt hätte, wie nahe daran sie war, alles zu verlieren, was ihr im Leben etwas bedeutete, ihre ge-

sicherte gesellschaftliche Stellung als seine Frau, ihr reichliches Monatsbudget – obwohl er sie natürlich niemals Not leiden lassen würde – und nun, nach ihrer scharfen Auseinandersetzung gestern abend, in der Francis ihn endgültig zurückgewiesen hatte, nun kam dieses Mädchen in sein Büro und wollte genau das, was sein Sohn ablehnte! »Nun, ich werde dich nicht in die Chirurgie aufnehmen«, sagte er scharf. »Auf weibliche Studenten ist kein Verlaß. Das ist meine Erfahrung. Wir haben Zeit und Mühe auf sie verwandt, und ein oder zwei Jahre später haben sie dann geheiratet und alles war umsonst.« Er stand auf. »Ich muß gehen.«
Sie erhob sich ebenfalls. »Sie müssen mich aufnehmen.«
»Willst du denn nicht eines Tages heiraten?«
»Das hat nichts damit zu tun, daß ich Chirurgin werden will, finde ich, Dr. Farland.«
»Ein Chirurg ist nicht einmal Herr seiner eigenen Zeit.«
»Gut«, sagte sie, »dann bin ich eben nicht Herr meiner Zeit.«
»Ein Chirurg braucht besonders gute Nerven.«
»Die habe ich«, sagte sie.
»Frauen –« sagte er unwillig, »sind schon von ihrer Konstitution her ungeeignet für das, was ein Chirurg leisten muß.«
»Machen Sie den Versuch!« sagte sie.
»Ach, verdammt«, resignierte er, »du warst schon als Kind ein unglaublicher Trotzkopf, und jetzt ist aus dir eine trotzköpfige junge Frau geworden.« – Aber plötzlich lachte er und kritzelte seinen Namen auf die leere

Unterschriftszeile. »Also gut!« rief er noch an der Tür zurück. »Paß nur auf, wie ich dich schwitzen lassen werde, junge Frau!«

»Prima!« rief sie zurück.

Dr. Farland hielt inne.

»Wie geht's deinem Vater?«

»Gut geht's ihm«, sagte sie lächelnd. »Ihm geht's immer gut.«

»Ich wünschte, er würde herkommen und hie und da wieder operieren«, knurrte Dr. Farland. »Er weiß mehr über's Operieren am offenen Herzen als sonst jemand. Wenn du nur eine halb so gute Chirurgin wirst wie er, freß' ich Krähen für das, was ich dir heute gesagt habe.« Damit eilte er hinaus.

»Na dann, gutes Krähenessen«, rief sie hinter ihm her. Sie ging zurück in das leere Büro und sammelte lächelnd ihre Unterlagen zusammen. Natürlich würde sie sich durchsetzen, dachte sie fröhlich. Das tat sie doch immer. Das lag daran, daß sie wußte, was sie wollte. Wenn man weiß, was man will, gibt es immer einen Weg, es zu erreichen. Und sie wußte, schon seit Jahren, daß sie Chirurgin werden wollte – nicht an Wehwehchen herumlaborieren und mit Medikamenten experimentieren, sondern Schlimmes herausschneiden, klar und sauber, und den menschlichen Körper vom Bösen befreien. Während sie ihre Papiere in ein schon viel zu volles Couvert stopfte, fiel ihr Blick auf ein silbergerahmtes Foto auf dem Schreibtisch. Francis! Seit einem Jahr hatte sie ihn nicht mehr gesehen. Mit beiden Händen nahm sie das Bild vom Schreibtisch und betrachte-

te es. Auf die eine oder andere Weise hatten sie und Francis sich während des ganzen letzten Jahres immer während der Ferien verpaßt, und im letzten Sommer war er auf Reisen gewesen.
Sie betrachtete intensiv das junge, schöne Gesicht. Sie und Francis hatten schon als Kinder miteinander gespielt, aber durch die Schule hatten sie sich aus den Augen verloren. Er war nach Groton gegangen, und sie war daheim geblieben und hatte die Mädchenschule besucht. Und während sie dann größer wurden, wurde die Distanz zwischen ihnen auch nicht geringer. Francis hatte sie nie zu einer Party eingeladen – er hatte eigentlich niemals ein besonderes Interesse an ihr gezeigt.
Sie stellte die Fotografie wieder an ihren Platz zurück. Jetzt schienen seine Augen sie von unten herauf anzusehen. Es war der gleiche schüchterne, zweifelnde Blick, den sie an ihm als kleinen Jungen schon kannte. Er war ein sehr sensibler kleiner Junge gewesen und doch auch ein starrköpfiger. Er hatte immer versucht, ihr ihre Spielsachen wegzunehmen, und doch gab es auch Zeiten, in denen sie mit ihm zusammen glücklicher war als mit irgend jemand anderem.
»Es wäre amüsant zu erfahren, wie er wirklich ist«, dachte sie.
Aber im nächsten Augenblick hatte sie ihn schon wieder vergessen. Sie hatte es eilig, heimzukommen zu ihrer Mutter, um ihr alles zu erzählen.
»Mutter!« rief sie laut schon von der Haustür. So hatte sie schon immer gerufen, seit sie ein kleines Mädchen war. Wenn ihre Mutter daheim war, würde sie sie an je-

der Stelle des Hauses hören. Aber oft genug gab es keine Antwort.

Auch heute hörte sie nichts. Sie riß ihren Hut vom Kopf und warf ihn auf das kleine Tischchen im Flur. Dann sah sie durch die offene Tür zur Bibliothek ihren Vater sitzen, den Kopf über ein Buch gebeugt.

»Hallo, Dad«, rief sie.

Er hob den Kopf. »Hallo, Liebes«, antwortete er.

Sie ging zu ihm hin und beugte sich über seine Schulter. »Trollope«, stellte sie fest. »Hast du nicht längst alles gelesen, was Trollope bis heute geschrieben hat?«

»Schon viele Male«, sagte er. Er legte den Kopf zurück und sah lächelnd zu ihr auf, und in einem plötzlichen Schrecken spürte sie, wie seltsam sein Gesicht aus dieser ungewöhnlichen Perspektive aussah, wie jung und verletzlich trotz seines Alters.

»Und warum liest du es dann immer wieder?« fragte sie.

»Ach, vielleicht aus Gewohnheit«, meinte er, »ein angenehmes Gefühl, wenn man genau weiß, was geschehen wird.«

»Das fände ich entsetzlich.« Sie trat ein paar Schritte zurück, um ihn wieder aus der normalen Perspektive sehen zu können. »Wo ist Mutter?«

Er sah auf seine Armbanduhr. »Es ist noch zu früh, als daß sie schon hier sein könnte, nicht wahr?«

»Vielleicht.« Sie verweilte noch einen Moment, war aber zu unruhig, um sich hinzusetzen. Dann mußte sie es loswerden. »Dad, ich habe mich heute morgen für Chirurgie eingeschrieben.«

»So, hast du das, Jennet?« Die Augen ihres Vaters, die sich gerade wieder zu dem Buch stehlen wollten, blinzelten und blickten zu ihr auf.
»Dr. Farland schien nicht viel davon zu halten.«
»Nein?« Seine Stimme klang kaum mehr als höflich.
»Was hältst du denn davon, Dad?«
»Ich«? Er zögerte. »Ich weiß nicht, Jennet.«
»Aber Dad, du bist doch auch Chirurg!«
Sein Blick verdüsterte sich. »Ja, ich weiß.«
Sie drang weiter in ihn. »Dr. Farland sagt, daß du mehr von Herzchirurgie verstehst als jeder andere, den er kennt.«
»Ja«, sagte ihr Vater wiederum zögernd. »Nun, das war ja mein Spezialgebiet.«
»Warum hast du es aufgegeben, Dad?«
»Ich? Nun, ich –«, er sprach nicht weiter, sein Blick wanderte durch die Bibliothek. »Ich habe es eigentlich gar nicht aufgegeben.«
»Sehr oft operierst du gerade nicht.«
»Nein«, stimmte er zu, »nein, nicht sehr oft.« Seine Stirn zog sich in Falten als versuchte er, sich zu konzentrieren. »Meine letzte Operation liegt wohl schon ein Jahr zurück. Farland bat mich um meine Assistenz. Und plötzlich, mitten in der Operation, wurde ihm schlecht, das weiß ich noch. Also habe ich die Sache für ihn beendet.«
»Das war Mrs. Kingston, nicht wahr?«
»Ja, Mrs. Kingston.«
»Gestern hab' ich sie erst gesehen, gesund wie ein Fisch im Wasser.«

»Ja, ich glaube, sie hat sich gut erholt.«
Sie konnte sich nicht erinnern, ihren Vater je so zurückhaltend und zögernd gesehen zu haben. Sie sah ihn sich genau an. Er befeuchtete seine Lippen und wandte das Gesicht von ihr ab.
»Dad, bist du krank?«
»Ich? Nein – nein, natürlich nicht.«
Er sah immer noch von ihr weg, und Schmerz lag in seinem Blick.
»Aber du siehst so verändert aus!«
Sie war beunruhigt, impulsiv ging sie auf ihn zu, und zu ihrem Entsetzen merkte sie, wie er vor ihr zurückzuckte. Er hob sogar die Hand zum Schutz vor ihr. Sie blieb stehen und starrte ihn an. Da fiel seine Hand wieder herab, und er wandte sein Gesicht ab. In diesen Sekunden sah sie ihn wie noch niemals zuvor. Dieser freundliche, gutaussehende, weißhaarige Mann, der sich so sacht im Haus umherbewegte, der so wenig sprach und so selten einmal ausging – war denn mit ihrem Vater etwas nicht in Ordnung?
Noch bevor sie über diese Frage eingehender nachdenken konnte, hörte sie die leichten Schritte ihrer Mutter von der Haustür und ihre klare Stimme.
»Na, meine Lieben? Gareth, was ist los?«
»Ich?« Langsam wanderte sein Blick zu ihr. »Mit mir – gar nichts, Angie.«
»Nein?« Rasch ging sie zu ihm und fühlte seine Stirn und seine Hände. »Deine Hände sind sehr kalt. Bist du heute schon spazierengegangen, Gareth?«
»Ich? Nein – nein, noch nicht. Ich habe gelesen.«

»Na, dann komm, gehen wir zusammen ein wenig spazieren, du und ich.«
Er zögerte wieder einen Augenblick, dann schloß er sorgfältig das Buch über dem Lesezeichen und stand auf. »Das ist nett, Angie.« Er lächelte auf sie hinunter, ein großer, kräftig wirkender Mann Mitte fünfzig. Dann kam Fürsorge in seinen Blick. »Aber du mußt noch etwas mehr anziehen als nur das dünne Zeug da.«
»Ja«, sagte sie, »da hast du recht, natürlich, Gareth – sehr richtig und klug.«
Wieso, dachte Jennet, die die ganze Szene beobachtet hatte, lobte ihre Mutter eine solche Bagatelle auf diese Weise? Außerdem war es gar nicht kalt. Ihr Herz bebte. Geschah hier etwas vor ihren Augen, das sie niemals bemerkt hatte?
»Willst du auch mitkommen, Jennet?« fragte ihre Mutter.
»Nein, danke, Mutter«, antwortete sie. Dann fiel ihr wieder ein, was sie fast vergessen hatte. »Mutter, ich hab' mich eingeschrieben.«
Der Blick ihrer Mutter, der nachdenklich auf ihrem Vater ruhte, löste sich nur zögernd und wandte sich ihr zu.
»Eingeschrieben, mein Kind?«
»Für Chirurgie, Mutter!« Konnte ihre Mutter wirklich das Allerwichtigste auf der Welt vergessen haben?
»Oh – ja natürlich, Liebes!«
Gar nicht natürlich, dachte Jennet, als ihre Mutter sie rasch auf die Wange küßte.
»Du hattest es vergessen«, sagte sie laut.

Ihre Mutter lachte mit schuldbewußtem Gesicht. »Du kennst doch deine Mutter! Ich vergesse alles bei meiner Arbeit. Und dir wird es mal nicht anders gehen, du Himmelsstürmerin! Eines Tages wirst du vergessen, daß ich noch lebe. Aber das werde ich dir nicht vorhalten. Ich werde es verstehen.«
»Ich ja auch«, sagte Jennet rasch. »Ich würde dir niemals irgend etwas vorhalten, Mutter.« Dann lächelte sie unsicher. »Lauft los, ihr beiden, ich bleib da«, sagte sie, »ihr wollt mich ja eh nicht dabeihaben.«
Aber sie begleitete ihre Eltern bis zur Tür und küßte sie beide zärtlich. Dann sah sie ihnen nach. Ihr Vater überragte weit die kleine Gestalt ihrer Mutter. Kein Mensch, dachte sie, der diese kleine, dunkel gekleidete Frau am Arm dieses großen, aufrechten Mannes sehen würde, käme darauf, daß dort eine der berühmtesten Ärztinnen New Yorks ging. Ja, das war ihre Mutter jetzt, eine so sensible und sichere Diagnostikerin, daß die Leute von fern und nah kamen, nur damit Dr. Angie Maclean ihnen sagte, was mit ihnen nicht in Ordnung war.
»Auch wenn mit Dad etwas nicht in Ordnung wäre, würde sie darauf kommen«, dachte Jennet. »Und dann hätte sie es mir doch gesagt, oder?«
Warum denn nicht? Sie und ihre Mutter hatten sich immer alles gesagt. Sie war noch so jung, daß dieser Gedanke sie sofort beruhigte. Sie lief hinauf in ihr Zimmer, voller Genugtuung und Glück, daß sie sich durchgesetzt hatte. Sie würde Chirurgin werden. Dieser Gedanke machte sie übermütig und sie fühlte sich leicht.

Sie würde Chirurgin werden, aber jetzt war das College erstmal vorbei, und es war Sommer und sie würde viel Spaß haben und sich erholen und tun, was ihr gefiel, und dann, ab Herbst, würde sie arbeiten, wie noch niemals ein Mensch je gearbeitet hatte. Gehirnchirurgie vielleicht, oder Herzchirurgie, das Schwerste, Diffizilste, fast Unmögliche, das war es, was ihr vorschwebte – auf jeden Fall freute sie sich unsäglich darauf, ganz gleich, was es war.

Die kleine Uhr in ihrem Zimmer schlug vier. Allmählich fand sie den Tag etwas lang, diesen ersten freien Tag nach Schule und Arbeit. Es gab genug zu unternehmen. Es gab auch genug Leute, die sie anrufen konnte, um ihnen zu sagen, daß sie zu Hause war. Aber irgendwie hatte sie noch nichts dergleichen getan und auch noch niemanden angerufen. Sie wußte nicht, was sie zuerst tun wollte. Trotz ihres Vorsatzes, sich zu amüsieren und etwas zu unternehmen, ernüchterte sie das Bewußtsein, daß sie sich heute morgen endgültig zu einer enormen neuen Aufgabe entschlossen hatte. Vier Uhr war es jetzt – wenn doch ihre Mutter schon mit der Praxis fertig wäre. Mit ihrer Mutter konnte sie über alles sprechen und vielleicht würden ihre Gedanken dann wieder freier werden.
In diesem Augenblick hörte sie unten eine Männerstimme. Die Tür von ihrem Zimmer stand offen, und so schlich sie auf Zehenspitzen hinaus und sah durchs Treppenhaus hinunter auf einen glattgescheitelten Blondkopf. Das Hausmädchen Essie sagte gerade: »Ich

weiß nicht, wo Miß Jennet ist, Sir. Ich habe sie nicht kommen sehen. Aber«, sie zögerte, »dort hängt ihr Hut.«

Jennet beugte sich über das Geländer. »Hier bin ich«, sagte sie. Ihre volle Stimme hallte durch das Haus, und der junge Mann hob den Kopf. Da erkannte sie, wer es war. »Hallo Francis Farland«, sagte sie, »was willst du denn hier?«

»Dich sehen«, sagte er lachend. »Du bist noch genauso unhöflich wie früher!«

»Nein, bin ich nicht. Ich bin viel netter geworden!« entgegnete sie übermütig.

»Na, dann komm herunter, damit ich mich selbst davon überzeugen kann«, sagte er. Er hatte eine angenehme Stimme, klar und nicht sehr tief, aber doch eine Männerstimme.

»Nur noch eine Minute«, rief sie. In dieser Minute bürstete sie kräftig ihr Haar und drehte die Spitzen nach oben. Sie puderte sich rasch die Nase, runzelte die Stirn beim Anblick ihres strengen, weißen Kostüms, zog es aus und legte statt dessen ein weiches grünes Kleid mit gerüschtem Kragen an. Dann mußte sie ihr Haar abermals bürsten. Sie sah sich im Spiegel an und lächelte sich zu. »Was ist denn los mit mir?« dachte sie. »Es ist doch nur Francis!«

Langsam ging sie nach unten und redete sich ein, daß es ihr gleichgültig sei, ob er ihr zusah oder nicht. Er stand jetzt im Wohnzimmer, die Hände in den Taschen und wartete auf sie. Seine blauen Augen wirkten kühl.

»Er hat sich wirklich gemausert«, dachte sie und streckte ihm ihre Hand entgegen. »Hallo, du da«, sagte sie.
»Hallo, selber«, gab er zurück.
Aber sie war noch immer ein klein wenig größer als er.
»Du bist aber gewachsen«, sagte er lausbübisch.
»Ach, hör auf«, sagte sie, aber freundlich. »Außerdem, du ja auch.«
»Ich kann mich noch so anstrengen, aber so wie du schaff' ich's nicht.« Er ließ sich in einen Sessel fallen.
»Rauchst du?«
»Nein danke.«
»Solltest du aber – das bremst dich vielleicht ein wenig.«
Sie sah ihn voll an. »Ich glaubte, du hättest dich geändert, aber das war wohl ein Irrtum. Du ziehst mich noch immer gern auf. Früher hast du mich auch noch an den Haaren gezogen!«
Er lachte. »Ja nun – du bist schließlich auch immer noch ein Mädchen!«
Sie verhielt sich abwartend und betrachtete ihn unverhohlen. Sie fand, er sah dem Jungen, wie sie ihn früher kannte, erstaunlich ähnlich. Er war noch immer so blond, etwas weniger hübsch, dafür gereifter, aber sein Mund wirkte noch immer recht trotzig. Die Hand, mit der er die Zigarette hielt, war wohlgeformt, aber sie zitterte ein wenig. War er schüchtern?
»Bist du froh, daß du das College hinter dir hast?« fragte sie.
»Das kann man wohl sagen«, antwortete er. »Mann, ich hab' mich grad' so durchgeschlängelt.«

Sie erwiderte nichts darauf.

»Ich nehme an, du hast dir sämtliche Bestnoten, womöglich noch mit Sternchen, geholt?« fragte er. Träge wanderten seine blauen Augen zu ihrem Gesicht. Ein verdammt gutaussehendes Mädchen, dachte er dabei, aber zu groß.

»Kann schon sein«, sagte sie. Irgendein Instinkt ließ sie mit der Wahrheit zurückhaltend sein, und dann verdammte sie diesen Instinkt. Warum sollte sie so tun, als hätte sie nichts im Kopf? Aber dann wurde ihr die rückhaltlose Aufrichtigkeit doch erspart. Die Tür wurde geöffnet, und ihre Mutter kam herein. Sie war mit ihrer Praxis fertig geworden, und nun begann eine oberflächliche Unterhaltung zwischen zwei verschiedenen Generationen. Jennet schwieg und hörte den höflichen Fragen der Älteren an den Jüngeren zu. Dabei erfuhr sie, daß Francis vorhatte, diesen Sommer zu Hause zu verbringen. Er wollte sich umsehen. Vielleicht würde er irgendeine Stelle in irgendeinem Büro finden. Er hatte sich schon seit langem vorgestellt, ins Immobiliengeschäft einzusteigen. Jedenfalls wollte er etwas machen, wobei er seinen Kopf nicht zu sehr anstrengen brauchte, sagte er lachend.

»Dann steigst du also nicht in die Fußstapfen deines Vaters«, sagte Dr. Maclean.

»Mein Gott, nein«, sagte Francis fröhlich. »Darüber haben wir endlich aufgehört zu streiten. Ich möchte außer meinem Beruf auch sonst noch etwas vom Leben haben. Glücklicherweise ist meine Mutter auf meiner Seite.« Er stand auf, drückte seine zweite Zigarette aus

und blickte auf seine Armbanduhr. »Nun, ich glaube, ich muß jetzt gehen – bin mit jemandem zum Essen verabredet.« Er wandte sich an Jennet. »Bist du immer beschäftigt?«
»Nicht immer«, sagte sie lächelnd.
»Wollen wir mal irgendwo tanzen gehen?«
»Einverstanden – wenn du was Nettes weißt.«
»Also dann morgen – im Rundbau?«
»Ja, gern.«
Sie nickten einander zu, und dann fing sie den Blick ihrer Mutter auf, die sie ernst beobachtet hatte.

Es war Mitternacht und Jennet kam gerade heim. Ihre Mutter saß in ihrem Büro. Vom Flur aus sah sie Licht unter der Tür durchschimmern, und so trat sie leise ein. Aber ihre Mutter saß nicht an ihrem Schreibtisch. Sie befand sich im angrenzenden Labor und betrachtete ein Präparat unter dem Mikroskop. Ihr Gesicht war von einem Augenschirm verdeckt. Auf Zehenspitzen durchquerte Jennet das Büro.
»Du bist doch nicht meinetwegen so lange aufgeblieben, Mutter?«
»Nein, mein liebes Kind.« Ihre Mutter nahm den Augenschirm vom Kopf. Das starke, silbrige Licht unter dem Mikroskop fiel voll in ihr Gesicht. »Hast du dich gut amüsiert?«
»Es war ganz nett – obwohl wir gar nicht sehr aktiv waren.« Jennet zögerte einen Augenblick und überlegte, ob sie ihrer Mutter noch mehr erzählen sollte. »Wir haben nur getanzt und einen Drink genommen und dann

wieder getanzt. Francis hat ein paar Freunde getroffen, ziemlich alberne Leute, aber das war nicht so wichtig. Wir waren überhaupt alle ziemlich albern, und das hat auch Spaß gemacht. Es war jedenfalls das erste Mal, daß mir bewußt wurde, daß das College vorbei ist und jetzt Ferien sind.«

»Wie ist Francis denn jetzt so? Er ist ja nun kein Junge mehr.«

Wieder zögerte Jennet. »Er ist noch immer ein großer Junge, Mutter. Er ist sehr nett, sogar charmant, finde ich. Er weiß, wie man es bei einem Mädchen richtig macht.«

»Was zum Beispiel?«

Jennet lachte. Sie ging zu ihrer Mutter und beugte sich über sie. »Ach, ich weiß nicht! Aber er gibt mir das Gefühl, klein und hübsch zu sein – ich, eine Riesenlatte!« Liebevoll fuhr sie ihrer Mutter mit den Fingern durch das unordentliche Haar.

»Wärest du gern klein und hübsch?«

»Ich wäre gern so wie du!« Sie küßte ihre Mutter aufs Haar.

»Mein Kleinsein war immer ein großer Nachteil für mich«, sagte ihre Mutter ernst. »Niemand hat mich je für fähig gehalten, zu was auch immer.«

»Immer ein Nachteil?« fragte Jennet neckend. »Auch, als du noch ein junges Mädchen warst? Sogar noch, als ihr, Papa und du, euch zum ersten Mal begegnetet?«

Wie kam das Kind auf einen solchen Gedanken, fragte sich Dr. Maclean im stillen. Nein, an dem Tag, als sie zum ersten Mal mit Gareth zusammentraf, war es kein

Nachteil gewesen, klein zu sein. Er war damals ein hochgewachsener, junger Student der Chirurgie gewesen. Besonders hübsch war sie nie gewesen, jedenfalls glaubte sie das immer, glaubte auch, viel zu wenig Zeit für solche Dinge zu haben, da sie in eine Landarztfamilie hineingeboren worden war. Aber an jenem Tag hatte Gareth ihr das Gefühl gegeben, hübsch zu sein, obwohl sie im Labor war und trotz ihrer zerknitterten weißen Uniform.

»Hallo, Sie winziges, kleines Wesen!« hatte er plötzlich hinter ihr gesagt. »Was machen Sie denn hier?«

»Ich bin auch Studentin«, hatte sie ernsthaft geantwortet. »Ich will Ärztin werden.«

»Nicht zu glauben«, hatte er gesagt. »Sie kommen mir vor wie ein kleiner Vogel, so eine Art menschlicher Kolibri, vielleicht.«

»Ich habe vor, Kinderärztin zu werden.«

»Richtig, wo Sie selber ein Baby sind«, hatte er gesagt und schallend gelacht. Aber dann hatte er sie angestarrt. »Sie sind hübsch«, hatte er sanft gesagt und dann hinzugesetzt: »Alles, was noch so klein ist wie Sie, ist hübsch.«

»Du brauchst nicht auf meine Taktlosigkeit zu antworten«, sagte Jennet auf einmal. »Vergiß es, meine Kleine.«

»Schon gut«, sagte ihre Mutter zärtlich.

Dann umarmte sie ihre Mutter auf ihre übliche erdrückende Art. »Also dann!« rief sie fröhlich, aber sie merkte nicht, daß ihre Mutter zu all dem kein Wort sagte.

Sie ging nach oben, zog sich aus, badete und zog einen frischen Pyjama an. Dann bürstete sie ihr Haar. Eigentlich hätte sie müde sein müssen, aber sie war es nicht, stellte sie fest, als sie einen Blick auf ihr Bett warf. Sie wandte sich um, setzte sich ans Fenster, knipste das Licht aus und sah hinaus über die Stadt, die in einem Lichtermeer vor ihrem Fenster ausgebreitet lag. Das Rundhaus war ein alberner Tanzschuppen, aber sie hatte sich trotzdem sehr gut amüsiert, obwohl sie nicht recht wußte, wieso. Ja, doch, sie wußte es. Es machte Spaß, mit Francis zusammenzusein, das war einfach schön. Er gab ihr dieses Gefühl, das sie manchmal als kleines Mädchen gehabt hatte, nämlich daß sie mit niemandem in der ganzen Welt so viel Spaß hatte wie mit ihm. Warum?

»Es liegt an der Situation und ein wenig an mir«, dachte sie. »Er ist der erste Mann.« Sie versuchte, zynisch gegen sich selbst zu sein. Diese Stadt wimmelte von gutaussehenden Männern. Die ganze Welt wimmelte davon. Im nächsten Herbst auf der Fachakademie für Chirurgie würde es Hunderte davon geben. Gewiß hielt sie Francis nicht für den einzigen.

»Weißt du eigentlich, warum ich dich besuchen kam?« hatte er gesagt. Seine Augen waren wirklich mit den ihren auf einer Höhe, als sie zusammen tanzten, oder jedenfalls fast. Sie hatte sich ein wenig zurückgeneigt, um in seine lausbübischen blauen Augen sehen zu können.

»Keine Ahnung«, sagte sie.

»Dad erzählte, daß du in seinem Büro warst. Aber das war nicht der Grund.«
»Nein?«
»Er sagte, du wolltest Chirurgin werden. Dann hat er mich angesehen. Ich wußte genau, was er dachte. ›Was soll aus dieser Welt werden, wenn die Frauen die wirkliche Arbeit übernehmen?‹ Das ging ihm durch den Kopf, und das wollte er mir auch sagen, wagte es aber nicht. Mutter hätte sofort einen neuen Streit angefangen. Sie ist sehr weiblich und so. Sie hält nichts von berufstätigen Frauen, die außer Haus sind. Ich übrigens auch nicht.«
Sie lachte ihn an. »Mit mir hat das ja nichts zu tun!« Aber sie hielt sich beim Tanzen etwas mehr auf Distanz.
Er zog sie wieder an sich. »Deshalb hab' ich dich ja auch nicht besucht, Dummchen! Willst du wissen, warum?
»Nicht unbedingt.«
Jetzt lachte er. »Du willst es wissen – unbedingt! Es war, weil Dad gesagt hat, daß du zu einem verdammt schönen jungen Mädchen herangewachsen wärest, und daß es für dich eine Zeitverschwendung wäre, an Chirurgie zu denken.« Sein Arm hielt sie noch fester, und sie hatte nicht geantwortet. Die Musik war langsam und einschmeichelnd, und sie tanzten in völligem Übereinklang zusammen.
Nach einer Weile hatte sie leise, aber deutlich gesagt: »Ich könnte niemals glücklich werden, wenn ich nicht tun dürfte, was ich möchte.«

»Bleib so schön!« hatte er geflüstert.
Noch während er sprach, hörte die Musik auf zu spielen. Ihre Arme sanken herunter, und sie gingen zurück an ihren Tisch. Und kurz darauf hatte er seine Freunde von weitem gesehen und sie zu sich gerufen und aufgefordert, sich mit an ihren Tisch zu setzen. Das war auch schon alles gewesen.
War sie eine schöne junge Frau? Sie kannte ihr Gesicht und kannte es doch nicht. Auf einmal erschien es ihr furchtbar wichtig, ob man sie für schön hielt – ob *er* sie dafür hielt. Sie stand auf und ging zwei, drei Mal durchs Zimmer, die Finger in ihrem lockigen Haar.
Unten in der Bibliothek hörte Dr. Angie Maclean die Schritte über ihrem Kopf auf- und abgehen. Sie trank in kleinen Schlucken ein Glas Milch wie meistens, wenn sie spät nachts noch arbeitete. Sie trank das Glas leer und ging damit in die Küche. Dort spülte sie es mit kaltem Wasser aus und stellte es zum Trocknen in das Spülbecken. Dann warf sie einen raschen Blick rundum in die Küche. Alles war ordentlich. Die Engländerin, die sie jetzt zum Putzen hatte, war sehr sauber, aber einen guten Kaffee zu machen würde sie wohl nie lernen. Sie würde sich wohl eine dieser idiotensicheren elektrischen Maschinen zulegen müssen, wenn sie mal Zeit hätte – vielleicht konnte Jennet sie auch für sie besorgen.
Gedankenverloren blieb sie in der Küche stehen und spürte eine Art Sehnsucht in sich aufsteigen. Wie sehr vermißte sie die schöne alte Zeit, als sie und Gareth noch jung waren und sie alle Hausarbeit selber gemacht

hatte. Ja, alle Geschicklichkeit und peinliche Sauberkeit, die sie bei ihren Laborarbeiten gelernt hatte, waren ihrer kleinen Küche in ihrer ersten Wohnung zugute gekommen. Nach dem langen Studium und dem anschließenden Praktikum hatte sie alles aufgegeben, was sie als ihren Beruf ansah, nur um Gareths Frau zu sein. Es war nicht plötzlich gekommen. Zuerst hatte sie unbeirrt ihre Ausbildung zu Ende gebracht, die sie unbedingt haben wollte, bevor sie Heiratspläne machte – nein, nicht nur Heiratspläne, sondern Pläne, die mit Gareth zu tun hatten. Sie hatte Gareth so unendlich geliebt, daß alles nur von ihm abhing. Sie wollte nur noch für Gareth da sein, für Gareth, sein Heim und seine Kinder.

»Ich habe kein Recht, dich zu fragen, ob du mich heiraten willst.« So hatte er ihr schließlich seinen Antrag gemacht, nachdem sie schon zwei Jahre lang ineinander verliebt waren. »Ich will nicht, daß du mich heiratest«, hatte er rasch weitergesprochen. »Es kann nicht gutgehen, wenn zwei Ärzte heiraten. Es geht immer schief.«

»Ich weiß«, hatte sie gesagt.

»Aber ich kann keine andere heiraten«, hatte er beinahe zornig gesagt, »weil ich nie aufhören werden, dich zu lieben.«

»Da bin ich aber sehr froh«, hatte sie gesagt.

Er hatte sie in seine Arme genommen, sie emporgehoben und ihr die Luft abgedrückt, bis sie ohnmächtig wurde. Dann war er furchtbar erschrocken, bis sie nach ein oder zwei Minuten wieder soweit erholt war, daß sie lächeln konnte.

»Mach' dir keine Sorgen darüber, daß du eine Ärztin heiraten willst,« hatte sie noch immer atemlos gekeucht.
Er starrte sie verständnislos an, bis sie weitersprach und erklärte:
»Ich will deine Frau sein und keine Ärztin.«
»Bist du auch ganz sicher?« hatte er ernsthaft gefragt.
»Ganz sicher«, hatte sie geantwortet.
Dann hatten sie nie mehr darüber gesprochen, weder er noch sie. Jeder hielt es für selbstverständlich, daß die Frau alles für ihre Ehe aufgab. Seufzend blickte sie hinab auf eine Schublade voller blinkender Topfdeckel. Vielleicht hätte sie wirklich alles aufgegeben, wenn Gareth nicht nach Frankreich gegangen – und wieder zurückgekommen wäre. Sie schloß die Schublade, löschte die Lichter und ging nach oben.
Vor Jennets Tür zögerte sie. Immer noch hörte sie die Schritte, die hin und her gingen! Sie verharrte noch einen Augenblick, streckte die Hand zur Türklinke aus, zog sie dann wieder zurück. Sie wollte nicht hineingehen. Was sie selbst getan hatte – oder nicht getan hatte – sollte nicht Gesetz werden für Jennets Leben. Die Liebe war nichts Neues, aber das konnten die Jungen ja nicht wissen. Sie ging weiter den Flur entlang, und das Herz tat ihr in der Brust weh, aber daran hatte sie sich gewöhnt und kümmerte sie nicht weiter. In gewisser Hinsicht war dieser ständige Herzschmerz sogar nützlich gewesen. Er hatte ihr geholfen, bei anderen Frauen die richtige Diagnosee zu stellen, deren Symptome zu früh ergrautes Haar und welke Trockenheit der Haut

waren. Ein Teil ihrer Könnerschaft lag darin, jene seelischen Konflikte aufzudecken, die Krankheiten auslösten.

Sie öffnete die Tür zu ihrem Zimmer und knipste das Licht an. Die Verbindungstür zu Gareths Zimmer stand offen, aber darin war es dunkel. Auf Zehenspitzen ging sie hinein und trat an sein Bett. In dem schwachen Lichtschein aus ihrem Zimmer konnte sie sein Gesicht sehen. Er schlief tief, als schliefe er schon seit Stunden, und er rührte sich nicht. Auch das war in all diesen Jahren so gewesen, seit er zurückgekommen war. Jeden Abend ging er früh zu Bett, bis auf die wenigen Abende im Jahr, an denen sie ins Theater oder zum Essen ausgingen, und immer fiel er in diesen todesähnlichen Schlaf. Wenn er erwachte, war es schon später Morgen, manchmal längst nachdem sie gefrühstückt hatte und schon bei der Arbeit war. Es waren nur wenige Morgen im Monat, an denen sie gemeinsam frühstückten.

Während der Nacht wachte er niemals auf. Es war fast unmöglich, ihn nachts zu wecken. Sie stand neben seinem Bett und betrachtete ihn eingehend, hin- und hergerissen von den alten schrecklichen Ängsten. War es richtig gewesen, daß sie vor aller Welt die Wahrheit verborgen hatte? Aber zu wem auch hätte sie gehen können? Wieder und immer wieder hatte sie physikalische Tests gemacht, um seiner Persönlichkeitsveränderung auf die Spur zu kommen. Sie selbst hatte unermüdlich diese Tests durchgeführt, bis er sich weigerte, sich dem weiterhin zu unterziehen. Organisch war er absolut gesund. Wer würde ihn für geistig nicht gesund halten? Es gab keinen Menschen weit und breit, der charmanter und liebenswürdiger zu seiner Umwelt war. Auch zu ihr! Wie sollte sie daher zu irgend jemandem gehen und sagen, was sie wußte, nämlich daß Gareth auf eine versteckte, unerforschbare Art und Weise ein sehr kranker Mann sei? Welchen Beweis hatte sie dafür, außer daß er als ein anderer Gareth zurückgekommen war als der, der gegangen war? Sie beugte sich über ihn und küßte ihn traurig, ging dann zurück in ihr eigenes Zimmer und schloß leise die Verbindungstür.

Jennet warf sich in ihrem Zimmer auf ihr Bett und war endlich müde geworden.

»Was bin ich für ein Schwachkopf«, dachte sie. »Ich weiß doch, was ich will.« Und während sie noch angestrengt daran dachte, daß sie genau wüßte, was sie wollte, schlief sie ein.

»Ihr Galan wartet auf Sie, Miss Jennet.«

Jennet arbeitete im Labor und sah ungehalten zu der farbigen Putzfrau auf. Heute abend war es spät geworden, aber sie wollte unbedingt mit der Analyse des Tumors fertig werden, den Dr. Farland heute in ihrer Gegenwart aus einer mittellosen Patientin herausoperiert hatte – nicht daß ihre Mittellosigkeit irgendeine Rolle für Dr. Farland spielte. Er hätte mit der gleichen Sorgfalt und Gewissenhaftigkeit jeden anderen Menschen auch operiert, ob reich oder arm, jung oder alt. Über die Krankheit hinaus wußte er wenig von dem menschlichen Schicksal, das dahinterstand, und er fragte auch nicht danach.

»Einige Anzeichen deuten darauf hin, daß dieser Tumor gutartig sein könnte«, hatte er zu dem kleinen Kreis assistierender Studenten gesagt. »Aber eine Auffälligkeit spricht dagegen. Bis morgen nachmittag erwarte ich Ihre Berichte.«

Daraufhin hatte er die Arterien und Venen wieder sorgfältig an ihren ursprünglichen Platz geschoben, die Enden miteinander vernäht ebenso wie den glatten Schnitt durch die Muskulatur. Danach beaufsichtigte er das fachmännische Anlegen des Verbands, dem sie alle zusahen. Dann stellte er ein paar Testfragen.

»Die Patientin ist in erstklassiger Verfassung«, bemerkte er zu seinen Studenten. »Ich glaube kaum, daß es postoperative Nachwirkungen geben wird. Während der nächsten vierundzwanzig Stunden dürfen Sie hin und wieder nach ihr schauen. Darüber erwarte ich Ihre Berichte morgen Vormittag.« Er nickte seinen Assistenten zu und ging zum Waschraum. »Gute Nacht«, sagte er. Die fünf jungen Männer und das einzige Mädchen verließen einer nach dem anderen den OP. Jennet ging direkt ins Labor. Einer der jungen Männer folgte ihr, wie sie verärgert feststellte. Aber die anderen vier liefen fröhlich hinaus in den frischen Novemberabend. Morgen hatten sie noch Zeit genug für ihre Arbeit.

Im Labor war sie die erste am Präparat. Es war direkt aus dem OP hierher gebracht worden. Sie ignorierte den jungen Mann, obwohl sie seinen Namen kannte –

John Benton, ein hochgewachsener junger Mann mit sandfarbenem Haar, irgendwo aus dem Westen. Er schien darauf zu warten, daß sie ein Gespräch anfinge, aber sie eilte ohne ein Wort zu ihrem Arbeitsplatz mit dem Mikroskop hinten in der Ecke des Labors.

Dann hatte sie fieberhaft gearbeitet und versucht, die gesunden von den kranken Zellen zu trennen. Sie war sicher, daß es sich um einen malignen Tumor handelte, aber sie hatte noch keinen Beweis. Schließlich bemerkte sie zu ihren Füßen eine gebückte Gestalt auf allen vieren, die ein feuchtes Tuch hin- und herbewegte, und dann die Stimme.

»Ich bin noch nicht fertig, Lissy«, gab sie zurück.

»Jawohl«, kam die geduldige Antwort. »Nun, ich wollte es Ihnen ja nur sagen. Er wartet im Büro von sein' Papa. Sein Papa ist schon weg, und er wartet da und guckt zu, was Sie hier machen.«

Das sollte Francis nicht tun, dachte sie ärgerlich, das Büro seines Vaters für ihre Zusammenkünfte zu nutzen. Sie hatte ihm das schon oft gesagt, und er hatte immer nur gelacht.

»Ich würde jede Möglichkeit nutzen, um dich zu sehen«, hatte er gesagt. Und so machte er weiterhin das, was er wollte. Nun, auch sie würde es tun.

Langsam arbeitete sie weiter, fast eine Stunde lang, und verbannte den ungeduldigen jungen Mann absichtlich aus ihren Gedanken. Am anderen Ende des Labors arbeitete John Benton genauso still und konzentriert vor sich hin. Einige Male, wenn sie die Hand hob, um einen neuen Objektträger vom Regal zu nehmen, sah sie zu ihm hinüber, aber er hob den Kopf nicht. Ein kühler, ziemlich stiller Student und Teilnehmer ihres Kurses, kein Zittern ist in ihm, weder in seiner Hand noch in seiner Seele. Er war aus dem Holz, aus dem der ideale Chirurg gemacht wird. Einen winzigen Augenblick lang beneidete sie ihn leidenschaftlich. Wie herrlich, ein Mann zu sein, durch nichts zu erschüttern! Dann schob sie diesen Gedanken stolz beiseite. Auch sie konnte unerschütterlich sein – wenn sie es wollte. Sie arbeitete weitere zehn Minuten. Jetzt war sie soweit, fast soweit, um sich ein Bild über die faserige Geschwulst zu machen. Aber konnte es vielleicht doch noch etwas anderes sein? Einen zusätzlichen Test sollte sie doch noch machen.

»Hallo, du da, Jennet Maclean!«

Sie wandte sich um, und dort stand Francis in der Tür hinter ihr.

»Zahlt man hier für Überstunden, oder was?«

»Tut mir leid – ich bin noch nicht fertig«, sagte sie.

»Na hör' mal, Jennet!« Er stand dicht hinter ihr, beide Hände in den Taschen. »Ich warte schon seit einer Ewigkeit.«

Sie warf einen raschen Blick zu John Benton hinüber. Er hatte sich nicht gerührt. »Francis, du weißt genau, daß du hier nichts verloren hast.«

»Aber wenn du doch nicht herauskommst!«

»Ich komme, wenn ich mit meiner Arbeit fertig bin.«

»Und wann wird das sein?«

»Ich weiß nicht genau – vielleicht in einer halben Stunde.«

»Ich warte doch schon über eine Stunde.«
»Ich habe dich nicht darum gebeten, Francis.«
»Du hast gesagt . . .«
»›Du hast gesagt!‹ Du wolltest mit mir ausgehen und ich habe gesagt, wenn ich fertig werde. Nun, noch bin ich nicht fertig.« Sie sprach verärgert und wandte sich wieder ihrem Mikroskop zu, denn die stille Gestalt da hinten war ihr nur zu bewußt.
Francis warf die Hände hoch. »Also gut«, sagte er, »ich bin aber fertig und habe genug.« Er verschwand sofort, und sie hörte die Tür hinter ihrem Rücken zuknallen. Aufbrausend und trotzköpfig, dachte sie. Nun, sollte er! Die Gestalt am anderen Ende des Labors hatte sich nicht gerührt.
Von neuem versuchte sie, sich auf das Präparat zu konzentrieren, aber es gelang ihr nicht. In dem großen Raum war es ruhig, alle ihre Instrumente waren hervorragend. Aber sie konnte ihre Gedanken nicht mehr auf die Arbeit konzentrieren. Sie waren längst hinter dieser zugeschlagenen Tür, schon außerhalb des Gebäudes und verfolgten die wütenden, langen Schritte eines jungen Mannes. Hatte sie Francis endlich in Wut gebracht?
»Ich behandele ihn wirklich abscheulich«, dachte sie. »Er haßt es, zu warten, und nun, nachdem er schon so lange gewartet hatte, sagte ich ihm, daß ich weiterarbeiten wollte – wenn ich nur könnte.« Sie wollte ganz etwas anderes, stellte sie fest. Sie wollte ihm nachlaufen, ihm sagen, daß es ihr leid tue, daß sie mit ihm zusammen essen gehen wollte und dann tanzen und alles,

wozu er Lust hatte. Plötzlich erschien ihr das Labor unerträglich, die Präparate unwichtig. Außerdem hatte sie wirklich morgen noch Zeit genug. Warum nur war sie heute abend hierher gekommen und hatte gearbeitet wie verrückt, wenn es gar nicht notwendig war? Sie lag gut im Rennen, kaum einer der anderen war besser als sie. Sie hatte Francis für nichts und wieder nichts wehgetan. Hastig räumte sie ihre Instrumente zusammen, deckte das Mikroskop ab und räumte auf. Wenige Minuten später lag ihre Hand auf der Klinke der Labortür. Da sah sie noch einmal durch den langen Saal. Zum ersten Mal hatte John Benton den Kopf gehoben. Er sah sie an, und ein grimmiges Lächeln breitete sich über sein fahles Gesicht. Sie hielt seinem Blick stand, lächelte jedoch nicht. Mit welchem Recht konnte er sie so anstarren? Sie war kurz davor, ihn anzuschreien. Dann überlegte sie es sich anders. Sie würde nicht mit ihm reden. Sie knallte die Tür zu und ging mit langen Schritten durch die Flure, lief die Treppen hinunter und hinaus auf die Straße.

Zwei Straßen vor dem Haus seines Vaters holte sie Francis ein. Ihre Schritte waren etwas länger als seine, und ihr Tempo noch eine Spur rascher. Leicht entdeckten ihre suchenden Augen ihn in der abendlichen Menschenmenge, eine schlanke Gestalt im Tweedmantel, ohne Kopfbedeckung, obgleich die Nacht kalt zu werden schien.
»Francis«, sagte sie mit ihrer ruhigen, klaren Stimme. Sie berührte seinen Arm, und er wandte sich um.

»Hast du's dir anders überlegt?« fragte er.

»Ich denke schon«, sagte sie zögernd.

Bis zur nächsten Querstraße gingen sie zusammen. Sie wartete darauf, daß er etwas sagen würde, aber als er schwieg, sah sie ihn an. Er war noch immer wütend auf sie, sehr wütend, stellte sie fest. Sein schönes Profil mit den kindlichen, viel zu sensiblen Lippen wirkte kalt im Licht der Straßenlaternen. Sie hatte ihren Arm unter den seinen geschoben, aber er ließ seine Hände in den Manteltaschen.

Im Inneren schwankte sie zwischen Sorge und ihrem eigenen Zorn. Wenn er nicht redete, würde sie auch kein Wort sagen. Sie zog ihre Hand von seinem Ärmel zurück und steckte sie ihrerseits in die Tasche.

»Also dann, gute Nacht, Francis«, sagte sie abrupt. »Ich gehe allein nach Hause.«

Er blieb stehen und sie gleichfalls, eine Insel von zwei Menschen im Gewoge der anderen, jeder vom anderen verletzt. Die Leute wichen ihnen aus, wie Wasser einem Felsen, starrten sie an und gingen dann weiter.

»Möchtest du das wirklich, ja?« fragte er.

»Nicht unbedingt«, sagte sie, »aber du scheinst nicht gern mit mir zusammensein zu wollen.«

Seine Lippen bebten. »Du willst nicht mit mir zusammensein.«

»Doch, ich schon Francis. Aber du scheinst kein Verständnis für die Arbeit zu haben.«

»Oh doch. Ich arbeite auch jeden Tag. Ich hab' nur auf dem Heimweg aus dem Büro bei dir vorbeigeschaut.«

»Aber meine Arbeit –«

»Erzähl' mir nicht, daß deine Arbeit anders ist«, unterbrach er sie zornig. »Genau das erzählt mein Vater meiner Mutter seit meiner Geburt.«
»Aber das stimmt doch auch, gewissermaßen«, meinte sie. »Wenn man Arzt ist, kann man über seine Zeit nicht so verfügen wie andere Leute. Du hast nicht zu einer bestimmten Zeit Feierabend, keine geregelten Bürostunden. Es ist – es ist lebendige Arbeit.«
»Reine Selbstüberschätzung«, sagte er.
Sie sahen sich fest in die Augen.
»Nun, wenn das deine Meinung ist«, sagte sie und atmete tief. Auch ihre Lippen zitterten jetzt, und sie konnte es nicht verhindern. »Ich glaube, dann sollten wir uns lieber trennen«, sagte sie.
»Ich denke schon«, sagte er.
Keiner von ihnen rührte sich.
»Mir reicht's einfach mit diesem Medizinergeschwätz«, sagte er. »Ich hab' genug davon. Mein Vater . . .«
»Du scheinst zu vergessen, daß meine Mutter ebenfalls Ärztin ist«, sagte sie, »aber ich habe nicht genug davon! Im Gegenteil, es fordert mich nur dazu heraus, mein Bestes zu geben. Sie – sie hat dieses Gefühl in mir erweckt, daß es eine großartige Aufgabe ist, die jedes Zeitopfer und jeden Einsatz von Energie und allem, was ich geben kann, rechtfertigt!«
»Was wirfst du mir eigentlich vor?«
»Nichts!«
»Du – du versuchst, mein Selbstgefühl herabzusetzen, weil ich nicht Arzt werden wollte.«
»Aber nein, Francis!«

»Doch, denn genau dieses Gefühl vermittelst du mir!«
»Nein – nein – ich versuche doch nur, dir verständlich zu machen, warum ich ...«
»Na schön, dann verstehe ich es eben nicht! Ich werde es nie verstehen.«
»Tut mir leid«, sagte sie. Ihre tiefe, ruhige Stimme rüttelte ihn auf. Er blieb stehen, fuhr sich mit der Zunge über die Lippen, suchte in seiner Manteltasche herum, fand seine Mütze und setzte sie auf. Der Wind wurde immer kälter.
»Ich wollte – ich wollte dir heute abend etwas Wichtiges sagen«, sagte er. »Deshalb habe ich so lange auf dich gewartet.«
Ohne ein Wort zu sagen, sah sie ihn an.
»Aber jetzt – ich weiß nicht«, sagte er unsicher.
Sie fiel ihm scharf ins Wort. »Dann bin ich nur froh, daß du es mir nicht sagst. Ich möchte nicht, daß du mir etwas sagst, wenn du dir selbst nicht einmal sicher bist.«
»Aber ich möchte doch ...«
»Nein!« rief sie. »Nein – nein!«
Sie wandte sich um und lief so rasch sie konnte nach Hause. Die Leute starrten dem hochgewachsenen Mädchen nach, das mit den Tränen zu kämpfen schien, aber sie sah keinen Menschen. Rasch lief sie die baumbestandene Allee hinunter, ihrem Zuhause zu. Dann blieb sie plötzlich stehen und blickte die Strecke zurück, die sie so eilig gelaufen war. Wenn er ihr nachgelaufen wäre – ach, wenn er ihr doch nachgelaufen wäre! Aber er war nirgends zu sehen. Nur fremde Menschen bevölkerten

die Straße. Sie schloß die Haustür auf und ging hinein.
»Irgendwie habe ich das Gefühl, daß es diesmal für dich keine fröhlichen Weihnachten sind, mein Liebling«, sagte Dr. Maclean wie nebenbei zwischen Jennets unaufhörlichem, wie überschäumendem Gerede. Es war Heiligabend, das Ende eines Tages geschäftigter Weihnachtsvorbereitungen – zu geschäftig, dachte sie. Jennet hatte den Tag voll ausgeplant und abends noch einen Theaterbesuch mit anschließender Party organisiert. Jetzt war es schon weit nach Mitternacht.
Leise lächelnd hatte sie zugehört, wie sie schon so oft Jennets Erzählungen am Ende eines Tages zugehört hatte, und dann hatte sie plötzlich ihre diagnostische Fangfrage gestellt, die sofort in das Mark eines Übels traf, das sie mehr vermutete als daß sie davon wußte. So wie sie auch während dieses ganzen langen Tages, und während der vergangenen Tage, Jennets Unglücklichsein vermutet hatte. Augenblicklich wandte Jennet ihrer Mutter den Rücken zu und fing an, ihr Haar zu bürsten. Ihre dunklen Locken umrahmten ihren Kopf in einem elektrisierten Wirbel.
»Ich weiß nicht, was du damit meinst«, sagte sie.
Ihre Mutter antwortete nicht. Abwartend saß sie da, und beide wußten, daß die Mutter diese pure Selbstverteidigung verstand. Halb lachend, halb weinend wirbelte Jennet herum.
»Aber natürlich weiß ich genau, was du meinst! Und selbstverständlich hast du recht, Mutter. Ach Gott, warum hast du eigentlich immer recht?«
»Weil ich dich kenne«, antwortete ihre Mutter.

Unschlüssig stand das hochgewachsene Mädchen einen Moment lang in der Mitte des Zimmers. Dann schleuderte sie ihre Haarbürste zu Boden und warf sich ihrer Mutter zu Füßen.

»Ist wohl besser, ich sag' dir alles«, sagte sie. Sie schlang die Arme um ihre Knie und sah zu der zierlichen Gestalt in dem großen Sessel auf. So hatte schon manches Gesicht in diese klugen, ruhigen Augen geblickt.

»Wo ist Francis heute den ganzen Tag lang gewesen – und während der letzten fünf Wochen?« fragte ihre Mutter.

»Wir hatten Streit.«

»Und du wolltest mir nichts davon sagen?«

»Darüber gab es nichts zu sagen. Ich konnte nur warten, darauf, daß er wiederkäme und auch, um mir darüber klarzuwerden – ob ich wollte, daß er wiederkäme.«

»Will er zurückkommen?«

»Ich weiß es nicht – wenn nicht, vereinfacht das die Dinge für mich.«

»Du möchtest also, daß er wiederkommt?«

Jennet schüttelte den Kopf. »Ich weiß nicht, was ich will! Ich habe immer gedacht ich wüßte es, aber diesmal weiß ich es nicht.«

»Was macht deine Arbeit?«

»Da geht alles prima – einfach fabelhaft! Und es macht mir ungeheuren Spaß, jede Minute.«

»Aber das scheint nicht genug zu sein?«

Jennet warf ihrer Mutter einen schrägen Blick zu. »War es dir genug?«

Dr. Maclean zögerte. »Nein«, sagte sie dann leise.
»Na also«, gab Jennet zurück.
»Ist Francis – der einzige?« forschte ihre Mutter nach einer kurzen Pause vorsichtig.
Jennet zuckte die Achseln. »Es sieht fast so aus«, gab sie dann zu.
»Gibt es sonst niemanden in deinem Seminar, der dir gefällt?«
Jennet überlegte. Eine Art Freundschaft war zwischen ihr und John Benton entstanden, eine eigenartige Freundschaft, denn keiner von beiden schien Zeit dafür zu haben oder haben zu wollen. Aber am Tag nach ihrem Streit mit Francis hatte er sie angesprochen, und da sie noch immer wütend war, hatte sie sich auf ein Gespräch mit ihm eingelassen. Es war noch vor Vorlesungsbeginn. Sie waren beide etwas zu früh dran und daher allein im Vorlesungssaal.
»Ist es deiner Ansicht nach bösartig?« hatte er gefragt.
»Nein«, hatte sie gemeint. »Heute früh bin ich zu dem Schluß gekommen, daß es gutartig ist. Obwohl ich nicht weiß, was für knotige Fasern das sind, die man erkennen kann.«
»Weiß ich auch nicht. Jedenfalls ist es keine Bösartigkeit, die ich kenne.«
Dann hatten sie geschwiegen. Als er wieder redete, blitzte er sie mit seinen hellen Augen unter den langen, sandfarbenen Wimpern lausbübisch an.
»Wie geht's deinem hartnäckigen Freund?«
»Weiß nicht und will's auch gar nicht wissen«, hatte sie hochmütig erwidert.

»Gut so«, meinte er daraufhin.

Seither hatten sie hin und wieder einige Male miteinander gesprochen, und einmal waren sie sogar zusammen ins Kino gegangen. Er hatte ihr auf seine spröde Art, mit fast immer unvollständigen Sätzen erzählt, daß sein Vater Arzt in Arizona sei und daß er auch Arzt werden wollte, aber nicht Allgemeinmediziner wie sein alter Herr. Sie fragte ihn ziemlich direkt, was er davon hielte, daß sie Chirurgin werden wollte.

»Warum nicht?« hatte er geantwortet. »Wenn das dein Wunsch ist«, kam dann der Zusatz.

»Einer in meinem Seminar ist sehr nett, er heißt Benton«, erzählte sie ihrer Mutter. »Technisch ist er schon jetzt hervorragend.«

»Aber?« forschte ihre Mutter weiter.

Jennet hob ihre dicht bewimperten Lider. »Aber er ist eben nicht Francis.« Eine Sekunde lang legte sie den Kopf auf ihre Knie, hob ihn jedoch gleich wieder ruhelos. »Man sagt doch, es gibt einen Mann in der Welt, der der einzige ist, auch wenn er nicht besser ist als andere, und man das weiß. Aber eine innere Stimme sagt, der ist es, und man hört nur diese Stimme, solange das Herz schlägt.«

Ihre Mutter sagte nichts darauf.

»War es bei dir mit Dad nicht auch so?« fragte Jennet.

»Ja«, antwortete sie.

»Und was hast du gemacht?«

»Wir haben geheiratet.«

»Und du warst immer glücklich?«

Sollte sie es Jennet jetzt sagen? War dies der Augen-

blick, fragte sie sich, wo sie Jennet alles erzählen müßte?
»Ich könnte mir nicht vorstellen, mein Leben anders gelebt zu haben«, sagte sie.
»Du hast weiter gearbeitet.« Jennet wollte aus der Vergangenheit ihrer Mutter zu einer Entscheidung für sich selbst kommen.
»Nein, ich habe aufgehört. Ein Arzt in einer Partnerschaft ist genug, dachte ich damals. Außerdem war mein größter Wunsch, daß meine Ehe ein Erfolg würde.«
»Oh, selbstverständlich«, stimmte Jennet warmherzig zu. »Sonst sollte man ja auch gar nicht heiraten.« Darüber dachte sie einen Moment lang nach. »Und Dad – wäre er deinetwegen auch bereit gewesen, seine Arbeit aufzugeben?«
»Ich glaube schon.« Nein, sie würde es Jennet nicht erzählen, nichts von dem scharfen, tiefen kleinen Schmerz, den sie sofort in sich begrub, als Gareth nicht dagegen protestierte, obwohl sie seine Frau war, daß sie weiterarbeitete. »Auch dein Vater wollte, daß unsere Ehe ein Erfolg würde«, sagte sie, »und er glaubte wirklich, daß es nicht gehen würde, wenn wir beide arbeiteten.«
»Aber wann und warum hast du dann doch wieder angefangen?«
Das war die Frage, vor der sie sich so lange gefürchtet hatte. Sie sah ihr tapfer in die Augen. »Es lag nicht so sehr an uns als an den Umständen, Liebes. Ich mußte arbeiten, als er zur Armee ging. Er ist im Ersten Welt-

krieg dabeigewesen, weiß du – das hab' ich dir ja schon mal erzählt – und zwar nicht als Arzt, sondern einfach privat bei der französischen Armee. Was da drüben geschah, konnte er nicht aushalten. Er schien mit seinem ganzen Leben dagegen protestieren zu wollen. Also sagte ich zu ihm: ›Geh, wenn du es für richtig hältst. Ich kann solange wieder arbeiten.‹ Also ging er, und ich fing wieder an, weiter nichts. Und irgendwie, ich weiß auch nicht, hab' ich dann immer so weiter gemacht. Er war nur etwas länger als ein Jahr fort. Er kam zurück, kurz bevor Amerika den Krieg erklärte.«

»Warum das?«

»Es ging ihm nicht gut – er hatte Typhus.«

Damit waren die Tatsachen erzählt und die Wahrheit blieb gleichwohl versteckt. Sie wartete auf weitere Fragen, aber Jennet gab sich zufrieden. Sie fragte nicht weiter. Was immer sich vor ihrer Geburt abgespielt hatte, schien seit Jahrhunderten vorbei.

»Es ist schwer zu sagen, was Francis und ich füreinander empfinden.« Sie zog eine Augenbraue hoch, als sie ihre Mutter ansah und versuchte zu lächeln. »Würdest du sagen, daß angina-pectoris-ähnliche Herzschmerzen in meinem Fall ein gutes oder ein schlechtes Zeichen sind?«

»Wenn es anhält, würde ich baldmöglichst eine neue Diagnose erstellen«, anwortete ihre Mutter.

Damit trennten sie sich oder wollten sich vielmehr gerade trennen, als das Telefon auf dem kleinen Tischchen neben Jennets Bett laut klingelte.

»Wer kann denn das sein, zu so später Stunde?« hauch-

te Jennet. »Wahrscheinlich ist es für dich. Irgendein Kind, das sich zu Weihnachten den Bauch zu voll geschlagen hat.« Sie nahm den Hörer ab und sank aufs Bett. »Francis!« schrie sie. »Nein – nein, noch nicht ganz! Ich wollte gerade . . . Nein, ich bin gar nicht müde, was das betrifft! . . . Wo bist du denn?«
Dr. Maclean, die der einseitigen Unterhaltung zuhörte, erkannte jedes Symptom der zärtlichen Augen und der erröteten Wangen und erstellte daraus ihre endgültige private Diagnose.
»Natürlich komme ich – aber weißt du, wenn du schon anrufst, warum dann nicht früher? . . . Na schön, vielleicht hätte ich nicht . . . egal. Ich komme – in einer Viertelstunde bin ich da!«
Der Hörer fiel zurück auf die Gabel, und Jennet war mit einem Satz an ihrem Schrank. »Mami, ich geh' tanzen! Er will mit mir tanzen gehen – ich bin überhaupt nicht mehr müde – was soll ich anziehen?«
»Dein rotes Taftkleid«, sagte Dr. Maclean. »Es ist ja immer noch Weihnachten.« Sie blieb auf ihrem Platz sitzen, bis sie ihr großes dunkles Mädchen in dem leuchtendroten Kleid vor sich sah.
»Warte nicht auf mich, geh' ruhig schlafen«, sagte Jennet und beugte sich zu einem Kuß zu ihrer Mutter hinab.
»Ja, das mach' ich«, sagte ihre Mutter ruhig. Sie blieb noch einen weiteren Augenblick sitzen, nachdem Jennet schon aus dem Zimmer gestürmt war. Dann erhob sie sich langsam und fing an, die herumliegenden Sachen aufzuräumen. Zuerst ordnete sie die Dinge auf

dem kleinen Frisiertisch, dann richtete sie das Bett her und legte einen frischen Schlafanzug heraus. Jennets rote Hausschuhe fand sie in verschiedenen Ecken des Zimmers und stellte sie zusammen vor den Sessel. Dann ging sie gelassen zu Bett.
»Alle Symptome«, dachte sie bei sich, »deuten auf das Unausweichliche hin.«
Aber sie blieb noch lange wach liegen und wünschte sich aus tiefstem Herzen, daß Jennet ein Junge gewesen wäre.

»Er ist unwiderstehlich«, dachte Jennet. Sie schloß die Augen und ließ sich von der Musik tragen. »Ich kann nichts dagegen machen. Von jetzt an bin ich überhaupt völlig machtlos, was auch mit mir geschieht. Mein ganzes weiteres Leben wird davon berührt sein.«
»Süßes!« flüsterte Francis, »hast du mich vermißt?«
»Ja«, sagte sie ohne die Augen zu öffnen.
»Was hättest du getan, wenn ich dich heute Abend nicht angerufen hätte?«
»Dich weiterhin vermißt.«
»Ich mußte dich anrufen.«
»Bin froh, daß du es getan hast.«
Sie lieferte sich ihm vollkommen aus, das spürte sie. Nie zuvor, niemals hatte sie sich so wie jetzt nach ihm gesehnt. Sie hatte sich ihren eigenen Sehnsüchten immer widersetzt, sich ausgelacht, während sie ihm zuhörte. Aber in dem Augenblick, wo sie ihn heute abend sah, fühlte sie sich so glücklich. Der ganz verquere Tag war augenblicklich vergessen, nur, weil sie endlich wie-

der zusammen waren, und sie war vollends besiegt. Was immer nunmehr geschehen mochte, sollte es geschehen.

»Heiraten wir, Jennet?«

Sie geriet aus dem Takt. Oh, nie zuvor hatte er sie das gefragt! Konnte man das so fragen, einfach so, mitten im Tanzen und bei Musik und ringsum diese verrückten, vielen Leute? Sie wappnete sich.

»Weiß du, was du da sagst, Francis?«

»Ich kann nicht noch einen weiteren Monat wie den letzten riskieren.«

Plötzlich wollte sie nicht mehr weitertanzen, und auch die Musik störte sie. Sie wollte hinausgehen in die kühle, dunkle Stille. »Laß uns hier verschwinden.«

»Einverstanden.«

Sie holten sich ihre Mäntel und warteten schweigend vor dem Lift, der sie nach unten auf die Straße bringen sollte.

»Aufwärts«, sagte der Fahrstuhlführer.

Francis drückte ihre Hand. »Warum nicht aufwärts?« sagte er. »Da ist das Dach.«

»Eine kalte Nacht heute, Sir«, sagte der Mann.

»Das macht uns nichts«, sagte Francis.

Sie stiegen ein und wurden hinaufgetragen. Oben traten sie auf die leere Dachterrasse direkt unter dem Nachthimmel.

»Jetzt suchen wir uns ein geschütztes Plätzchen«, sagte Francis.

Sie antwortete nicht, ließ sich bei der Hand nehmen und von ihm führen. Er fand eine fast windstille Ecke,

entdeckte weiter entfernt zwei Stühle und holte sie her. »So«, sagte er, »jetzt können wir miteinander reden.«
Aber als sie einander in die Augen sahen, fand keiner das erste Wort. Er beugte sich zu ihr und zog sie in seine Arme.
»Oh, meine Schöne«, flüsterte er und umarmte sie fester und fester, und sie, voller Sehnsucht wie noch nie zuvor in ihrem Leben, fühlte sich zu ihm hingezogen, bis ihre Lippen mit den seinen verschmolzen. In den Tiefen ihres Unterbewußten, in einem verströmenden Glücksgefühl dachte sie erstaunt: »Danach habe ich mich immer gesehnt. Warum wußte ich das nie?«
Sie mußte es ihrer Mutter erzählen. Nachdem Francis sie nach Haus gebracht hatte, ging sie sofort hinauf in das Schlafzimmer ihrer Mutter. An ihrem Bett zögerte sie einen Augenblick. Das schlafende Gesicht ihrer Mutter wirkte bleich und seltsam gealtert in dem schwachen Notlicht, das nachts immer in diesem Zimmer brannte, falls ein Anruf käme.
»Ich sollte sie nicht wecken«, dachte sie bei sich.
Aber da schlug ihre Mutter von selbst die Augen auf.
»Ja?« fragte sie erst noch schlaftrunken, aber sogleich hellwach.
Jennet ließ sich auf die Knie sinken. »Francis und ich, wir werden heiraten«, flüsterte sie.
»Oh!« Ihre Mutter setzte sich im Bett auf. »Aber als du fortgingst, wußtest du noch nicht – .«
»Ich wußte es in dem Moment, als ich ihn sah.«
»Und du bist ganz sicher?« Das Gespräch verlief im Flüsterton wie bei zwei Verschwörern.

»So sicher wie ich lebe.«

»Also dann – «, Dr. Maclean atmete tief durch. »Es ist dein Leben und dein Glück.«

»Ja.«

Sie beugte sich vor und küßte das junge Mädchen auf ihr dunkles, duftiges Haar. »Gott schütze dich, mein Liebling«, sagte sie laut.

»Das tut er«, sagte Jennet schlicht. Sie drückte ihrer Mutter fest die Hand und verschwand.

Sie fiel fast augenblicklich in tiefen Schlaf, als sie in ihrem Bett lag. Jetzt war sie nicht mehr unruhig und erschöpft. Für sie hatte das Leben seine Richtung bekommen. Sie würde die Frau eines Mannes werden, sie und Francis würden zusammen Kinder haben.

»Ich werde alles andere aufgeben«, dachte sie. »Alles will ich für ihn aufgeben.«

Ihre Sehnsucht hatte jetzt ein Ziel und Friede überkam sie; es war das Ende von Grübeleien und Streß. Ihr war, als wäre sie zu einem vertrauten Ort zurückgekehrt, dessen Wege sie alle kannte seit Anbeginn der Zeit. Sie fühlte sich auf dem richtigen Weg, und sie schlief lange und sehr tief.

Aber es war nicht so leicht, am nächsten Tag mit Dr. Farland darüber zu sprechen.

»Du mußt es ihm sofort sagen«, erklärte ihre Mutter am Morgen. »Es ist nicht fair, so zu tun, als wolltest du dich habilitieren, wenn du andere Pläne hast.«

An diesem Morgen schien ihre Mutter merkwürdig zurückhaltend. Die Wärme und Verbundenheit ihres nächtlichen Gesprächs waren verschwunden. Vielleicht lag es nur daran, daß sie in Eile war. Sie war zu einem dringenden Hausbesuch außerhalb der Stadt gerufen worden.

»Kümmere dich um deinen Vater, Liebes«, sagte sie zu Jennet. »Er schläft noch. Ich habe ihm ein kleines Briefchen geschrieben. Ich werde erst ungefähr um Mitternacht zurück sein.«

»Dann weiß er also noch gar nichts?« fragte Jennet.

»Was weiß er nicht?« fragte ihre Mutter zerstreut. »Ach so – das mit dir – nein, Liebes. Du kannst es ihm selber erzählen.« Und dann wiederholte sie, als wäre das wesentlich wichtiger: »Aber du mußt es unbedingt noch heute morgen Dr. Farland sagen, wenn du dein Studium wirklich aufgeben willst.«

»Das will ich«, sagte Jennet bestimmt und küßte ihre Mutter zum Abschied.

Warum nur, dachte sie, nachdem ihre Mutter das Haus verlassen hatte, scheint es ihr nicht so wichtig, ob Paps Bescheid weiß oder nicht? Sie hatte Reuegefühle, als er kurz nach dem Fortgehen ihrer Mutter ins Eßzimmer kam, und sie beeilte sich, ihm Kaffee einzuschenken.

»Hallo, lieber Paps«, sagte sie leichthin.

»Guten Morgen, Liebes«, anwortete er. Er wirkte so weit entfernt von allem, was ihn umgab, daß sie nicht wußte, wie sie anfangen sollte, also platzte sie gleich damit heraus.

»Paps, ich habe mich mit Francis verlobt.«

Er hob den Kopf.

»Francis?«

»Du weißt doch, Francis Farland.«

»Der Sohn von Frank Farland?«
»Ja, Paps.«
Sie bemerkte einen leicht überraschten Ausdruck in seinem Gesicht.
»Ist der schon alt genug um zu heiraten?«
»Er ist sogar ein Jahr älter als ich, Paps.« Sie lachte.
»Ich hab' ihn immer noch als kleinen Jungen in Erinnerung«, sagte ihr Vater. Er ließ den Kopf wieder sinken und betrachtete das Spiegelei auf seinem Teller. Dann nahm er die Gabel zur Hand.
»Findest du es nicht schön, Paps?« Sie versuchte, mit Gleichgültigkeit ihre Enttäuschung zu überspielen.
»Ich? Oh ja – sehr schön.« Unvermittelt schenkte er ihr ein Lächeln. »Aber wenn du dann weggehst, werde ich es gar nicht schön finden.«
»Wir wünschen uns ein eigenes Heim, Paps.«
Sein Lächeln verlor sich.
»Ja, natürlich«, sagte er und schwieg dann.
Sie beobachtete ihn einige Minuten. War seine Sanftheit, die sie in ihrer Kindheit als so angenehm empfunden hatte, vielleicht nichts weiter als – Leere? Obwohl sich ihr in diesem Moment die Frage aufdrängte, suchte sie nicht nach einer Antwort. Er war ihr Vater. Sie stand auf und küßte ihn auf die Wange.
»Hast du alles, was du brauchst?«
»Ich? Ja, danke vielmals.«
»Dann mache ich mich jetzt auf den Weg in die Höhle des Löwen.«
»Du willst . . .«
»Dr. Farland«, sagte sie. »Glücklicherweise ist es sein

Sohn, den ich heiraten werde, sonst würde er es vielleicht nicht gestatten.«

Sie lachte und küßte ihn noch einmal, und er streifte sie mit seinem vagen Lächeln.

»Du also auch«, sagte Dr. Farland.

»Ich also auch«, antwortete sie. Sie hätte sich nicht träumen lassen, daß es so schwer sein würde, es ihm zu sagen. Francis hatte inzwischen weder mit seinem Vater noch mit seiner Mutter gesprochen. Das hatte sie sofort gemerkt.

»Er ist noch im Bett«, hatte Dr. Farland gesagt. »Während der Ferien ist es ungewöhnlich, ihn vor Mittag zu Gesicht zu bekommen.«

»Nun, dann ist es wohl meine Aufgabe, die Karten aufzudecken«, hatte sie gesagt und ihm alles erzählt. »Ich werde meine Arbeit und mein Studium aufgeben, weil Francis und ich heiraten wollen.«

Dr. Farlands dichte Augenbrauen zogen sich über seinen grauen Augen zusammen.

»Du also auch?«

»Ich also auch.«

Er räusperte sich, schob seinen Sessel weiter weg vom Schreibtisch und nahm einen Stift zur Hand.

»Ich fühle mich zwiespältig«, sagte er. »Mich packt die Wut, wenn eine meiner vielversprechendsten Studentinnen mitten im ersten Semester aufgibt. Ich würde nicht zustimmen, wenn du die Geschichte nicht noch dadurch komplizieren würdest, indem du meinen einzigen Sohn heiraten willst. Andererseits kann ich dir nicht zureden, weiterzumachen, weil ich es nicht gern sähe, wenn meine Schwiegertochter arbeitet. Außerdem muß ich zugeben, daß ich mich wieder einmal bestätigt sehe, was Frauen betrifft. Ich wünschte, ich hätte dich gar nicht erst mit dem Studium anfangen lassen. Damals schon wußte ich das.«

»Vielleicht wäre ich nie dazu gekommen, Francis zu heiraten, wenn ich nicht damals zu Ihnen gekommen wäre und Sie beim Hereinkommen gesagt hätten, ich sähe gut aus«, stellte sie fest.

»Ich kann eben meinen Mund nicht halten«, gab er reuig zu. »Sonst hätte Francis dieses gutaussehende Mädchen vielleicht noch lange nicht gesehen.«

Sie lachten beide.

Dann wurde er wieder ernst.

»Also gut, meine Liebe, ich denke, wir müssen dich als angehende Chirurgin von der Liste streichen, und ich werde darüber nicht traurig sein, weil ich sicher bin, daß du eine wunderbare Ehefrau für meinen Sohn werden wirst.«

»Ja, das möchte ich«, sagte sie rasch.

»Dann wirst du es auch schaffen«, sagte er.

Damit verließ sie sein Büro und spürte gleichzeitig in sich einen Konflikt. Einerseits war sie froh, daß sie es hinter sich hatte. Und sein warmer Händedruck hatte soviel Herzlichkeit ausgedrückt, aber dennoch glaubte sie, einen Anflug von Ironie in diesem grauen, wissenden Blick gesehen zu haben.

»Ich habe also doch recht mit den Frauen«, hatte er gesagt.

»Ja, vielleicht hat er das«, dachte sie. Aber irgendwie war ihr nicht wohl bei diesem Gedanken.

All das hatte sie bis zu ihrem Hochzeitstag längst vergessen. Da nun nichts mehr im Wege stand, das es abzuwarten galt, heirateten sie sehr bald, im April, nach der Fastenzeit. Es war eine hübsche Hochzeit, in kleinem Rahmen und die Feier fand bei ihr zu Hause im Wohnzimmer statt. Einige Freunde, die sie schon ewig kannten, hatten sie eingeladen, sonst nur ihre beiden Familien. Ihr Vater hatte nie zuvor so gelassen und wundervoll ausgesehen, als in dem Augenblick, wo er sie dem Bräutigam zuführte, dachte sie. Aber ihre Mutter wirkte müde, sehr müde. Eine Sekunde lang bereute sie, mit Francis zusammen eine gar so lange Hochzeitsreise geplant zu haben. In ihrem ganzen Leben war sie noch niemals länger als einen Monat von ihrer Mutter getrennt gewesen. Aber jetzt war es zu spät, noch etwas daran zu ändern. Durch ihre Vermählung mit Francis hatte sich alles entschieden. Außerdem stand Francis jetzt und für immer an erster Stelle.
Aus irgendeinem unklaren Impuls heraus hatte sie auch John Benton eine Einladung zu ihrer Hochzeit geschickt. Sie dachte jetzt daran, als sie die kleine Schar ihrer Gäste überschaute.
Er war nicht da, stellte sie sogleich fest. Nun, es spielte auch keine Rolle.
»Liebe Freunde«, dröhnte die volle Stimme des alten Dr. Hopewell durch den Raum, »heute sind wir hier zusammen gekommen, im Angesicht Gottes –.« Bei

diesen Worten trat sie dicht an Francis heran. Auf ewig vereint, dachte sie, und stand so nahe, daß sich ihre Schultern berührten.

II

»Wunderbar und vollkommen glücklich fühle ich mich«, sagte sie mit fester Stimme und sah zu ihrer Mutter auf.

Seit einem Jahr war sie nun verheiratet und vor einer Stunde hatte sie ihr erstes Baby geboren. Ein kleines Mädchen, hatte man ihr gesagt. Gleich würde man es ihr wieder bringen, damit sie es halten und anschauen konnte. Sie hatte nur einen ganz kurzen Blick auf ein winziges, schwarzhaariges Etwas in einem weißen Tuch werfen können, aber die Entspannungsmittel hatten sie so benommen gemacht, daß sie nur ein schläfriges Murmeln hervorbrachte. Aber jetzt fühlte sie sich wieder vollkommen in Ordnung.

»Sehr schön«, sagte ihre Mutter. Sie lächelte. »Ich muß sagen, deine Atemtechnik war perfekt.«

»Ich hätte mich ja schämen müssen, wenn es anders gewesen wäre«, sagte Jennet. Sie schwieg einen Moment. Dann wagte sie die Frage, die sie ihrer Mutter gleich zu Beginn hatte stellen wollen. »Wo ist Francis?«

Die Schwester antwortete rasch. »Er wird gleich hier sein, er hat gerade angerufen.«

Jennet wich dem Blick ihrer Mutter aus. »Sag ihnen, sie sollen mir das Kind erst bringen, wenn er da ist. Solange will ich noch warten. Ich möchte, daß wir sie zusammen sehen können.« Dann warf sie ihrer Mutter einen verteidigenden Blick zu. »Ich habe Francis gebeten, nicht eher zu kommen, als bis alles vorüber ist.«

»Sehr klug«, murmelte ihre Mutter.

»Er haßt unappetitliche Dinge«, sagte Jennet, »warum also sollte ich ihn da mit hineinziehen?«

»Warum auch?« wiederholte ihre Mutter. Sie studierte Jennets Krankenblatt. Alles war vollkommen in Ordnung. »Ich glaube, ich mache mich jetzt besser auf den Weg und laß dich ausruhen«, sagte sie, »bis Francis kommt.« Sie beugte sich hinab und küßte Jennet auf die Wange. »Heute Abend schau' ich nochmal vorbei.«

»Dank' dir, Mutter«, sagte Jennet.

Als ihre Mutter gegangen war, fühlte sie sich plötzlich schwach und erschöpft. Natürlich hätte Francis da sein müssen. Sie mochte sich noch so sehr bemühen, vor ihrer Mutter konnte sie nichts verbergen. Nun, es gab nichts zu verbergen, außer der Tatsache, das Francis unzuverlässig war. Im Laufe dieses vergangenen Jahres hatte sie sich einfach damit abfinden müssen, daß sie niemals ganz sicher wissen würde, was er als nächstes tun oder nicht tun würde.

»Ich möchte ein wenig schlafen«, sagte sie zu der Schwester. »Aber wecken Sie mich bitte, wenn mein Mann kommt.«

»Ja, das mache ich«, sagte die Schwester.

Als sie erwachte, wußte sie, daß sie sehr lange geschla-

fen hatte. Sie schlug die Augen auf und erkannte in dem abgedunkelten Zimmer die Schwester im Sessel.
»Ist mein Mann noch nicht da?« fragte sie.
»Nein, noch nicht«, antwortete die Schwester sanft.
Jennet sagte nichts. Es hatte keinen Zweck mehr, so zu tun, als hätte sie keine Mordswut auf Francis. Wie konnte er, ausgerechnet heute –. Dann nahm sie sich zusammen. Sie würde warten, sie wollte geduldig sein, sie wollte ihn alles erklären lassen, bevor sie ihn verurteilte. Es hatte Unstimmigkeiten genug gegeben zwischen ihnen beiden, weil er wieder und wieder ihre Erwartungen in ihn enttäuscht hatte. Wenn nur ihre Mutter nicht wiederkam, bevor Francis da war! Eine halbe Stunde lang lag sie so da, gespannt und voller innerer Unruhe. Die Schwester erhob sich und reichte ihr das Thermometer.
»Haben Sie einen besonderen Wunsch zum Abendessen, Mrs. Farland?«
»Ist es schon Zeit fürs Abendessen?«
»Um halb acht essen die Privatpatienten. Jetzt ist es gleich sieben.«
»Nein, es ist mir egal, danke vielmals.«
Die Schwester ging leise auf Zehenspitzen hinaus. Als Jennet allein war, hätte sie am liebsten geweint, aber sie tat es nicht. Sie wollte einfach nicht mehr weinen, weil Francis sie enttäuschte. Sie hatte es oft genug getan – aber sie hatte es ihn nicht merken lassen. Sie hatte sich während dieses Jahres furchtbar vor sich selbst geschämt, daß sie so leicht weinte. Aber vielleicht hatte das auch mit der gar so raschen Schwangerschaft zu

tun. Immerhin hatte sie sich sehnlichst ein Baby gewünscht.
Am Ende des Klinikflurs telefonierte die Schwester leise.
»Dr. Farland? Hier spricht die Privatschwester von Mrs. Farland. Ich glaube, sie ist unglücklich, Sir, weil ihr Mann noch nicht da war.«
»Soll das heißen, er war überhaupt noch nicht da?«
»Richtig, Sir.«
»Verdammtnochmal –«, dann brach die Verbindung ab.
Zwanzig Minuten später wurde die Tür zu Jennets Zimmer aufgerissen.
»Liebste, ich könnte mich ohrfeigen!«
Er war da – er hielt sie in seinen Armen.
»Oh, Francis – sachte, Liebling! Ich habe doch gerade –«
»Natürlich, ich hab' ja angerufen. Ich wußte, daß alles okay war. Ich wurde aufgehalten.«
»Macht es dir bestimmt nichts aus, daß es ein Mädchen ist?«
»Mir ist nur eines wichtig, nämlich daß es dir gut geht. Es geht dir doch gut, Liebling? War es schlimmer als du gedacht hast?«
»Schlimm genug, aber Mutter war natürlich fabelhaft.«
Seltsam, nun, da er hier war, schien dieser Tag, an dem sie ihr erstes Kind geboren hatte, eine Angelegenheit zwischen ihr und ihrer Mutter zu sein und nicht zwischen ihr und Francis!
»Ich habe sie gebeten, mir das Baby erst dann zu bringen, wenn du da bist, Liebling.« Sie drückte heftig auf die Klingel. Jetzt wollte sie keine Minute länger auf ihr

Baby warten. Aber ihre Schwester hatte Francis schon ankommen sehen. Sie öffnete lächelnd die Tür und hielt das kleine Bündel in ihren Armen. Sie legte es neben Jennet auf das Bett und ging wieder hinaus.

Plötzlich waren sie gehemmt, sie und Francis, vor diesem kleinen, vollkommenen Wesen, das aus ihnen beiden entstanden war. Sie zog das weiße Tuch etwas mehr zur Seite, und sie starrten hinunter auf das kleine, schlafende Gesichtchen. Sekundenlang schwiegen beide.

»Eins steht fest«, sagte Francis, der als erster die Sprache wiedergefunden hatte, aber seine Stimme klang etwas unsicher, »wir werden niemals mehr allein zu zweit sein!«

»Nein, gewiß nicht«, lachte sie ihn an.

»Wird dir das gefallen?« forschte er.

»Etwas zu spät für solcherlei Betrachtungen«, gab sie zurück. Dann spürte sie eine heftige, überschäumende Freude in sich aufsteigen, und sie fühlte sich voller Glück und Liebe. »Ach Francis«, rief sie, »wie unglücklich wäre ich, wenn du so wie alle anderen wärst!«

Dr. Farland, der spät und allein mit seiner Frau beim Abendessen saß, explodierte vor seinem Roastbeefteller. »Also weißt du, Edith, manchmal frage ich mich wirklich, was in dem Jungen eigentlich vorgeht. Mein Gott, als diese Schwester mich anrief und mir sagte, daß er überhaupt nicht dagewesen sei!«

»Bitte, Frank, warte einen Moment!« Mrs. Farlands geschwungene Augenbrauen zogen sich anmutig in die Höhe als Hinweis auf das Dienstmädchen.

Da fuhr Dr. Farland vollends aus der Haut. »Großer Gott, Della kennt Francis mindestens so gut wie du und ich!«
Mit weiser Unauffälligkeit zog Della sich zurück und schloß sacht die Küchentüre hinter sich.
»Ich halte es nicht für richtig, vor den Dienstboten zu sprechen«, murmelte Mrs. Farland.
»Della ist schon seit zwanzig Jahren mehr als nur ein Dienstbote«, gab Dr. Farland zurück. »Was ich versucht habe zu sagen, Edith, ist, daß Francis sich einen Dreck um seine Frau gekümmert hat, bis ich ihm sagen mußte, sich zum Teufel nochmal in die Klinik zu bequemen, daß er seit fünf Stunden Vater sei und sich nicht im mindesten wie ein solcher benähme. Was hast du denn?« Er unterbrach sich, als er die eigenartige Unbewegtheit in dem ausgesprochen hübschen Gesicht seiner Frau sah.
»Es liegt bei weitem nicht in meiner Absicht, Francis zu verteidigen, aber ich finde, du solltest dir erst Klarheit verschaffen, was er in dieser Zeit getan hat. Vielleicht haben sie ihn in seiner Firma nicht entbehren können. Vielleicht hatte er gerade einen Kunden da oder etwas Ähnliches.«
Dr. Farland knurrte in sich hinein. »Das größte Geschäft dieser Welt hätte mich nicht aufgehalten, zu dir zu eilen, als er geboren wurde.«
»Aber du bist schließlich selber Arzt«, sagte sie. »Du wußtest, was ich hinter mir hatte. Außerdem«, setzte sie mit einem reizenden Lächeln hinzu, »wußtest du, wie sehr ich dich brauchte. Ich bin nicht wie Jennet.

Ich nehme an, daß Francis dachte, Jennet sei in gewisser Weise selber Ärztin. Ich wäre gar nicht überrascht, wenn Jennet ihn darum gebeten hätte, nicht dabei zu sein. Und außerdem war ihre Mutter bei ihr.«

Wenig überzeugt hörte Dr. Farland ihr zu. »Nun, vielleicht«, gab er zu. »Aber trotzdem – übrigens, hast wenigstens du bei Jennet von dir hören lassen, Edith?«

»Selbstverständlich«, sagte sie rasch. »Ich habe ein Dutzend roter Rosen an Jennet geschickt und einen Strauß winzig kleiner rosa Röschen sofort, als ich benachrichtigt wurde. Ich hatte in der Klinik hinterlassen, daß man mich sofort anrufen möge.«

»Nun, also – « Dr. Farland fühlte sich geschlagen und begann zu essen. Wie oft schon war er besänftigt und schließlich zum Schweigen gebracht worden bei Meinungsverschiedenheiten bezüglich Francis. Gegenargumente hatte es immer genug gegeben, aber nie waren sie recht stichhaltig. Worin lag diese Besonderheit, die die Überlegenheit gewisser Frauen ausmachte? Er hatte dieses Geheimnis nie enträtselt – vielleicht, weil er sich niemals die Zeit dazu genommen hatte. Und nun war es wohl zu spät. Vor Jahren hatte er gelernt, Edith so zu nehmen wie sie war, nach wie vor das hübscheste und süßeste Geschöpf, dem er je begegnet war. Als sie ihm damals in der Nacht von Francis' Geburt sagte, daß sie niemals wieder ein Kind bekommen wollte, konnte er sie verstehen. Ihre zierliche Gestalt war schon beinahe für dieses einmalige Ereignis zu zerbrechlich gewesen. Er hatte schlicht darauf geachtet, daß ihr Wunsch respektiert würde. Es war die einzige Möglichkeit im

Umgang mit Frauen, ihnen ihren Willen zu lassen und seine eigenen Wege zu gehen.

Als Jennet vor ihrer Wohnungstür stand, wandte sie sich zu der Kinderschwester um, die ihr Baby trug.
»Das erste Mal möchte ich sie gern hineintragen«, sagte sie. Sie nahm das Bündel vorsichtig in ihre Arme.
»Fühlen Sie sich auch wirklich kräftig genug?« fragte die Schwester.
»Wie sollte ich wissen, daß ich ein Kind geboren habe, wenn ich es nicht tragen darf!«
Stolz trat sie über die Schwelle in die Wohnung. Es war schon später Vormittag und Francis konnte nicht zu Hause sein, aber sie hatte auch darüber nachgedacht und beschlossen, daß sie lieber mit dem Baby daheim sein wollte, um alles einrichten zu können, bevor er nach Hause kam. Und diese Kinderschwester – sie würde die Schwester nicht brauchen, obwohl ihre Mutter darauf bestanden hatte, für die Kosten während der ersten zwei Wochen aufzukommen. Sie wollte nicht, daß ihre Mutter Zahlungen für sie leistete. Sie legte ihren Stolz hinein, davon zu leben, was Francis imstande war, zu verdienen.
In diesem Moment erblickte sie die zierliche kleine Gestalt ihrer Mutter in der Küche.
»Mutter!« rief sie. »Was machst du hier?«
Dr. Maclean kam rasch aus der winzigen Küche und hielt eine Tasse in der Hand. »Ich wollte dir einen Begrüßungstrank herrichten«, sagte sie. »Und ich wollte selber sehen, wie es dir geht. Trink das bitte.« Sie setzte

die Tasse ab und nahm Jennet das Baby fachmännisch aus den Armen. Sie war schon eng befreundet mit diesem kleinen Wesen. Ohne jemandem ein Wort zu sagen, hatte sie sich Tag für Tag in das Säuglingszimmer gestohlen, sich dort neben das Bettchen gesetzt, das kleine Geschöpf in ihren Armen gehalten und dabei eingehend das Gesichtchen studiert. Wie sehr hatte sie sich noch Kinder gewünscht! Nun würde sie sie durch Jennet bekommen. Das Baby gähnte wohlig und sah empor in ihr Gesicht, und sie lachte.

»Wie sehr sie es lieben zu gähnen«, sagte sie.

»Wirklich? Woher weißt du das, Mutter?«

»Oh, ich weiß es einfach.«

Jennet lachte ebenfalls und nahm die Tasse vom Tisch. »Gut ist das. Was ist denn da drin?«

»Malzschokolade. Das solltest du jetzt eine Weile täglich zweimal trinken.«

»Kein Problem, es schmeckt gut. Aber, Mutter, ich möchte diese Säuglingsschwester nicht haben!«

»Zwei Wochen.«

»Nein! Ich möchte mein eigener Herr im Haus sein.« Haus pflegte sie immer zu dieser Fünfzimmerwohnung zu sagen, weil sie und Francis eines Tages ein Haus mit Garten haben würden.

»Du solltest nicht so kleinlich mit meiner Großzügigkeit umgehen«, bemerkte ihre Mutter. »Du würdest mir viele kleine und große Freuden verderben, wenn du mich nicht mal das eine oder andere für dieses entzückende Kind tun ließest.«

»Ich möchte nicht, daß Francis den Eindruck bekommt, daß ich nicht mit dem zufrieden bin, was er verdient.«

»Ach, Unsinn. Er weiß genau, daß du absolut in der Lage bist, selber Geld zu verdienen, wenn du nicht zufrieden wärest. Wenn du nicht arbeitest, ist das doch Beweis genug!« – Jennet schüttelte den Kopf.

»Ich möchte, daß er begreifen lernt, was wir brauchen.« Ihre Mutter sah sie von der Seite an. »Meine Liebe, versuchst du nicht, ihn zu jemandem zu machen, der er einfach nicht ist?«

»Nein, natürlich nicht! Aber er hat so viele Fähigkeiten, Mutter. Er könnte alles machen, was er wollte. Er ist wirklich brillant. Aber er macht nichts daraus. Er arbeitet eben nur soviel, um sein Gehalt zu sichern. Er scheint sich gar nichts daraus zu machen, ob er nun weiterkommt oder nicht.«

»Manche Menschen sind so«, sagte ihre Mutter. »Ich glaube nicht, daß du das an ihm wirst ändern können.«

»Ich verstehe es einfach nicht«, sagte Jennet fast verbittert. Sie nahm ihren Hut ab und glättete ihr Haar mit raschen, kräftigen Händen – Chirurgenhände, wie ihre Mutter wieder denken mußte, wie immer, wenn sie diese Hände sah. »Wenn er nicht um seinetwillen vorankommen will«, fuhr Jennet fort, »dann muß er es unseretwegen. Dieses Kind wird nicht unser einziges bleiben. Ich wünsche mir sechs. Ich möchte sie am liebsten paarweise – noch eins im nächsten Jahr und dann zwei Jahre Pause bis zu den nächsten beiden.«

»Du bist deiner selbst sehr sicher, Liebling«, stellte ihre Mutter fest. »Und Francis –?«

Jennet unterbrach sie. »Francis möchte immer, daß ich das bekomme, was ich mir wünsche. Er hat einfach nur keinen Ehrgeiz, was ihn selbst betrifft. Morgens kommt er fast nie rechtzeitig aus dem Bett, um pünktlich zu sein, und wenn er im Büro ist, wird er nicht rechtzeitig fertig, um früh genug heimzukommen. Ich weiß genau, wie das läuft. Er redet mit jedem, der zu ihm hereinkommt, ist charmant und amüsant – wahrscheinlich schwätzt er auch mit den Stenotypistinnen, wenn sonst keiner da ist. Jeder vergöttert ihn und stiehlt ihm seine Zeit, aber niemand findet ihn wirklich gut, so wie ich, oder glaubt an ihn, wie ich. Ich weiß, was er aus sich machen könnte, wenn er nur wollte.«

»Du liebst ihn«, sagte ihre Mutter leise.

»Wahnsinnig«, flüsterte Jennet.

Ihre Augen füllten sich zu ihrer eigenen Verwunderung mit Tränen.

»Ich weiß«, sagte ihre Mutter.

Plötzlich begann auch das Baby zu weinen, und sofort erschien die Säuglingsschwester in der Tür.

»Wenn ich bitten darf, Mrs. Farland, es ist Zeit für das Baby.«

Jennet sprang auf. »Oh, das hab' ich ganz vergessen!« rief sie.

»Ich nehme das Kind schon«, sagte die Schwester. Dann führte sie die kleine Prozession ins Badezimmer an, und Dr. Maclean blieb in der Tür stehen und beobachtete Jennet.

»Alles hat sie vergessen«, dachte sie dankbar. Aber so war Jennet; sie gab sich vollkommen einer Aufgabe hin und so auch jetzt dem Stillen ihres Kindes. »Ich muß jetzt gehen, Liebes«, sagte sie dann.

Jennet hielt das Kind an der Brust und sah wie verschwommen zu ihr auf. Dieser Ritus, so neu er war, war wie ein Wunder für sie. Sie konnte in diesem Augenblick an nichts anderes denken.

»Oh«, sagte sie langsam, »also dann, vielen Dank, Mutter – für alles und auf Wiedersehen!«

»Auf Wiedersehen, Liebes«, sagte ihre Mutter. Noch eine Sekunde lang ließ sie diesen neuen Eindruck auf sich einwirken, wie Jennet mit ihrem Kind dasaß. Es war wie ein neues Bild in der langen Reihe von Eindrücken, seit sie selbst Jennet als Baby an ihre Brust gelegt hatte. Aber noch nie zuvor war Jennet ihr so schön erschienen wie jetzt, wie sie sich da groß und voller Zärtlichkeit über ihr kleines Kind beugte.

»Bin ich froh, daß wenigstens sie all die Kinder bekommen kann, die sie sich wünscht«, dachte Dr. Maclean und machte sich auf den Weg in ihre Praxis.

»Glücklich?« fragte Jennet ihren Mann.

Das Haus war sauber und aufgeräumt, die Schwester endlich heimgegangen und das Baby schlief. Sie und Francis waren allein miteinander und das Abendessen war vorüber. Abends spülte sie nie mehr das Geschirr. Morgens war es schnell getan, wenn Francis aus dem Haus war. Ganz in Ruhe und formvollendet hatten sie zusammen zu Abend gegessen und waren anschließend hinübergegangen ins Wohnzimmer. Später, wenn Francis sich in die Abendzeitung vertiefte, würde sie unbemerkt hinaushuschen und das Geschirr zusammenräumen. Sie genoß den Gedanken, daß sie alles für sein Wohlbefinden gut organisiert hatte.

Francis saß in seinem Lieblingssessel und zog sie zu sich auf seinen Schoß.

»Natürlich – sag' mal, Liebes, wann werden wir denn abends wieder ausgehen können?«

»Jederzeit«, antwortete sie rasch. »Der einzige Unterschied zu früher ist, daß ich es schon am Morgen wissen muß, um mein Mädchen für den Abend zu bestellen.«

Auch für diese Freiheit hatte sie vorgesorgt. In der Stadt gab es eine Agentur, die sich gerade auf die freien Abende für junge Eltern spezialisiert hatte – zwar teuer, aber dafür sparte Jennet lieber an anderer Stelle.

»Ach, übrigens«, sagte sie wie nebenbei, »siehst du eine Chance, daß der große Boß dein Gehalt ein wenig aufbessert?«

»Mein Gott, wenn er das nur tun würde«, sagte Francis. Sein charmantes, gelassenes Lächeln breitete sich auf seinem Gesicht aus, während er sich eine Zigarette anzündete. Er schob sie sacht von einem Knie auf das andere.

»Zu schwer?« fragte Jennet – aber sie war kein Pfund schwerer als vor der Schwangerschaft! Darauf achtete sie sehr streng.

»Nein – aber schließlich bist du kein leichtes Mädchen.«

Daraufhin ließ sie sich von seinem Schoß gleiten, blieb auf dem Teppich sitzen und lehnte ihren Kopf an sein

Knie. »Gibt es irgend etwas, was du tun könntest, um befördert zu werden?«
»Nicht daß ich wüßte.« Er sog zweimal heftig an seiner Zigarette.
»Werden denn die anderen auch nicht befördert?«
»Da gab es den einen oder anderen, ja, schon, aber ich werde mich nicht so kaputtmachen wie die. Das ist es doch nicht wert, und dafür ist das Leben auch zu schön.«
»Etwas mehr könnten wir für dieses schöne Leben schon gebrauchen.«
»Ich dachte, deine Mutter ...«
»Ich kann nicht ständig etwas von meiner Mutter annehmen, Francis. Sie arbeitet für jeden Penny, den sie verdient. Warum sollte sie uns finanzieren?«
»Ich könnte mal mit Dad reden.«
»Nein! Wieso auch? Wir können doch nicht anderen Leuten unsere täglichen Rechnungen aufbürden. Anders wäre es in einem Notfall ...«
Er lachte. »Ist ein Baby etwa kein Notfall?«
»Nein, das ist es nicht«, gab sie zurück. »Es ist ein völlig normales Ereignis.« Sie stand auf, setzte sich in einen Sessel und zündete sich auch eine Zigarette an. Was würde er sagen, wenn sie vorschlüge: »Vielleicht sollte ich doch lieber wieder arbeiten?« Wahrscheinlich wäre er auch damit noch einverstanden! Sie versuchte, ihren Ärger zu beherrschen und wartete, bis sie sich wieder unter Kontrolle hatte. Dann erst sprach sie weiter. »Liebling, würdest du nicht gerne mal mit mir über die Möglichkeiten sprechen, die du für einen Aufstieg

in deinem Beruf hättest? Vielleicht kann ich dir irgendwie helfen.« Sie zwang sich zu einem Lächeln. »In der Schule bin ich damals ganz gut gewesen. Als Studentin habe ich sogar mit summa cum laude abgeschlossen.« Aber er schüttelte den Kopf. »Ich mag nicht über das Büro sprechen, wenn ich abends nach Hause komme.« Er lächelte sie verschmitzt an. »Ach, Liebling, sei nicht so unzufrieden mit mir!« Er hatte so klare und zärtliche Augen, daß eine Woge von Liebe über ihr zusammenschlug und alles mit sich fortschwemmte.

»Bin ich ja gar nicht«, sagte sie. »Wie könnte ich das sein, wenn ich dich so sehr liebe?«

Aber selbst, als sie in seinen Armen lag, versuchte sie innerlich und vor sich selbst, ihren Ehrgeiz für ihn zu rechtfertigen. Sie liebte ihn so sehr, daß sie auch stolz auf ihn sein wollte. Sie brauchte diesen Stolz, weil sie ihn immer mehr lieben wollte. Und sie würde ihn noch mehr lieben, ja, mehr als jetzt, wenn er ihr nur die Chance dazu gäbe.

»Na siehst du, dann ist ja alles in Ordnung«, sagte er beruhigt. Er lächelte ihr zu und griff nach der Abendzeitung, die zusammengelegt auf dem Tisch lag.

III

Francis war prompt genug gekommen, dachte Dr. Maclean bei sich, als Jennets zweites Baby ein Jahr nach Patsy geboren wurde. Als sie aus Jennets Zimmer kam,

stand er vor ihr und wirkte lieb und freundlich in seinem hellen Leinenanzug. In der Hand hielt er einen Strauß gelber Rosen.
»Geht es ihr gut?«
»Ausgezeichnet«, sagte Dr. Maclean. »Noch eine kleine Tochter.«
»Das freut mich, für Patsy am meisten«, sagte er. »Ein Mädchen hatte ich mir auch gewünscht.«
Sie war glücklich, weil er es ehrlich meinte. Andere Väter hätten sich vielleicht einen Sohn gewünscht.
»Nach ein paar Minuten kannst du hineingehen«, sagte sie. »Jennet ist noch etwas benommen von der Narkose. Ich werde später noch einmal vorbeikommen.«
»In Ordnung«, sagte er und setzte sich.
Er ist ganz anders als vor einem Jahr, dachte sie und fragte sich, warum. Sie ging den Flur entlang. Dann blieb sie stehen und wandte sich noch einmal um. »Patsy fühlt sich übrigens wohl in meinem Haus, und sie ist ganz entzückend.«
»Sehr schön«, sagte er herzlich. »Das wird Jennet sehr freuen zu hören. Aber sie ist ja auch ein netter kleiner Fratz.«
»Anbetungswürdig«, stimmte sie zu und ging wieder weiter. In der letzten Zeit freute sie sich jeden Abend aufs Nachhausekommen, weil dort dieses kleine, dunkeläugige Mädchen war. Sie nahm ein Taxi von der Klinik nach Hause und schloß rasch die Haustür auf.
»Alles in Ordnung?« fragte sie Mary. Mary schaffte alles wunderbar, wenn man bedachte, daß sie als Hausmädchen sonst keine Kinder gewohnt war. Und Patsy

mochte sie. »Der Kleinen geht es ausgezeichnet, Madame«, antwortete Mary.

»Ich komme gleich, sowie ich mich gewaschen habe«, rief Dr. Maclean. Sie wusch sich und schaute dann zu Gareth hinein, der sich in seinem Zimmer gerade schlafen legen wollte.

»Jennet geht es sehr gut«, verkündete sie ihm.

»Freut mich zu hören«, sagte er.

»Das Baby ist wunderhübsch – sehr blond diesmal, ganz wie Francis.«

»Hätte Francis lieber einen Sohn gehabt?« fragt er.

Sie warf ihm rasch einen Blick zu. »Glaubst du?«

»Ich weiß nicht«, antwortete er zögernd und nestelte an den Knöpfen seines Pyjamas herum. Sie trat zu ihm und knöpfte die Jacke rasch zu. »So begnadete Hände hast du«, sagte sie lächelnd, »aber vor Knöpfen kapitulieren sie!« Im selben Moment wünschte sie, das nicht gesagt zu haben. Sein Blick wurde leer, und sie spürte, wie er vor ihr zurückwich. »Mein liebes Herz, ich wollte dich nicht verletzen«, sagte sie. »Bitte, verzeih' mir.«

»Ich fühle mich – so unnütz«, flüsterte er.

»Du bist mein Alles«, sagte sie sanft. Dann brachte sie ihn ins Bett, wie ein Kind, wie einen kranken alten Mann und deckte ihn sorgfältig zu. »Soll ich das Licht ausmachen oder willst du noch lesen?«

»Ich mag nicht mehr lesen. Angie, bringst du mir noch ein Glas Wasser?«

»Natürlich, mein Lieber.« Sie holte das Glas Wasser und blieb neben seinem Bett stehen, während er trank. Dann reichte er ihr das leere Glas.

»Ich möchte nicht, daß du mich bedienst.« Ein verlorenes Lächeln lag auf seinem Gesicht.
»Unsinn«, sagte sie. »Du bedienst *mich.* Immer findest du meine verschwundene Brille.«
»Das ist etwas anderes«, sagte er. »Ich wünschte, ich könnte mehr für dich tun. Gute Nacht, Angie, meine liebe Frau.«
»Gute Nacht, mein lieber Mann.« Sie küßten sich und dann löschte sie das Licht und ging hinaus. Auf dem Weg zum Kinderzimmer überkam sie abermals die tiefe Verwunderung über das Mysterium des Lebens. Er war von einer so peinlich genauen Förmlichkeit ihr gegenüber, immer bemüht, sie nicht mit kleinen Handreichungen für sich zu belästigen. Eines Tages hatte sie geweint, sie, die sonst niemals weinte, als sie dazugekommen war, wie er sich selbst einen Knopf annähte. Da fand sie heraus, daß er sich irgendwo ein kleines Nähnecessaire gekauft hatte. »Gareth, warum hast du mir nicht gesagt, daß der Knopf abgerissen ist?«
»Ich wollte dich nicht behelligen«, hatte er da gemurmelt.
Nie zuvor hatte sie sich so verletzt gefühlt. »Aber du kannst mich doch gar nicht ›behelligen‹. Ich liebe es, für dich etwas zu tun. Komm, gib's mir!« Damit hatte sie ihm die Nadel und das Kleidungsstück aus den Händen genommen und den Knopf rasch und fest angenäht. Dann hatte sie das kleine Nähetui in die Hand genommen. »Ich werde dir das hier fortnehmen«, hatte sie gesagt und einen scherzhaften Ton angeschlagen. »Man könnte ja meinen, du hättest gar keine Frau.«

Und doch hatte er es Jahr für Jahr zugelassen, daß sie ihrer beider Lebensunterhalt verdient, das Haus bezahlt, für Jennets Ausbildung gesorgt hatte und für alles in ihrem gemeinsamen Leben aufkam. Inzwischen hatte sie gelernt, ihm keine Fragen mehr über seine Arbeit zu stellen, darüber, wann er wieder anfangen wollte oder ob er je wieder anfangen würde. Sie konnte den schmerzlichen Ausdruck seiner Augen nicht ertragen, wenn er mit leiser, unendlich leidvoller Stimme antwortete: »Ich – weiß es nicht.«
Endlich hatte sie auch begriffen, daß er die Wahrheit sagte – er wußte es wirklich nicht. Vor so langer Zeit war er aus Frankreich heimgekehrt und verbarg in seiner Brust ein Geheimnis, von dem er ihr nichts sagen konnte. Sobald es ihm wieder besser ginge, hatte sie sich damals gesagt, würde alles wieder so werden wie immer. So wartete sie auf diese wirkliche Heimkehr und arbeitete inzwischen weiter. Sobald es ihm wieder gut ginge, wollte sie ihre Praxis aufgeben und daheim bleiben, und dann würde sie noch ein Baby bekommen und dann noch eins und noch eins – vier Kinder, vielleicht sogar sechs. Menschen wie Gareth und sie sollten viele Kinder haben.
Sie wartete, bis er körperlich wieder hergestellt und rein äußerlich der gleiche stabile, ernsthafte junge Mann war, der sie eines Tages so plötzlich verlassen hatte, um nach Frankreich in den Krieg zu gehen. Dann hatte sie weiter gewartet auf den Augenblick, wo er sagen würde, daß er wieder anfangen wollte zu arbeiten. Als dieses Warten aber immer länger wurde, hatte sie begon-

nen, ihm hie und da auf ihre sanfte, freundliche Art die eine oder andere Frage zu stellen. Sollte sie den Mietvertrag für ihre Praxis um ein weiteres Jahr verlängern oder wollte er sie lieber mehr zu Hause haben als bisher, oder sollte sie so weitermachen? Diese ihre Fragen waren wie flehend ausgestreckte Hände. Aber keine Hand hatte sie umfaßt – da war nur Zögern und dann, nach einer langen Pause, sein mutloser Aufschrei: »Ich – weiß es nicht.« Was war mit ihm geschehen? Sie kämpfte um eine Antwort auf diese Frage und kam doch nicht weiter, weil er sich vor ihr in sein dumpfes Selbst zurückzog, hinter nebelhaften Wänden, die fortan zwischen ihnen standen. Schließlich hatte sie es aufgegeben und damit auch ihr Leben als Frau abgeschlossen und ihren Beruf um so ernster genommen. Und sie hatte dazugelernt. Sie hatte gelernt, schon dafür dankbar zu sein, daß sie seinen Platz als Familienoberhaupt ausfüllen konnte. All das verdrängte sie auch jetzt wieder, wie schon so oft, als sie die Tür zu dem Zimmer öffnete, das einst Jennets gewesen war. Und auch jetzt schlief dort wieder ein kleines schwarzhaariges Mädchen. Mary war noch da und deckte das Kind zu. Dr. Maclean trat an das Bettchen. Sauber gebadet und rosig und voller Müdigkeit lag Patsy unter der Decke.
»Hasi«, sagte sie strahlend und hielt einen großen weißen Plüschhasen hoch.
»Sie wollte ihr Mittagsschläfchen nicht machen, Madame«, sagte Mary nüchtern, »also mußte ich hinübergehen und ihren Hasi holen. Sie sagte immer wieder ›Hasi – Hasi‹, und da hab ich den Hausschlüssel ge-

nommen, den Mrs. Farland hiergelassen hat, Ma'am. Das neue Mädchen hat solange auf die Kleine aufgepaßt, während ich fort war. Ich wußte noch, daß sie den Hasen einmal dabei hatte, als sie mit ihrer Mutter bei uns zu Besuch war.«

»Das hast du gut gemacht, Mary«, sagte sie.

Mary antwortete nicht. Sie schien bedrückt, dachte Dr. Maclean mit dem sicheren Gespür einer warmherzigen Frau, daß da etwas nicht stimmte.

»Bekommst du eine Erkältung, Mary?« fragte sie.

»Nein, Madame.«

»Deine Augen sind so rot.« Forschend schaute Dr. Maclean in das vertraute, ehrliche Gesicht. »Wenn du dich nämlich erkältet hast, solltest du nicht in Patsys Nähe sein.«

»Ach, Madame!« stöhnte Mary auf. Dann bedeckte sie schluchzend das Gesicht mit ihrer Schürze.

»Aber Mary«, sagte Dr. Maclean. Sie zog sie ein wenig beiseite, so daß das Kind sie nicht mehr sehen konnte. »So habe ich dich ja noch nie erlebt!«

»So bin ich auch noch niemals gewesen«, schluchzte Mary. »Ich weiß nicht, wie ich es Ihnen sagen soll, die arme Miss Jennet – das arme, unschuldige Kind, jetzt mit dem zweiten – und dann –.«

»Mary, nimm dich zusammen«, forderte Dr. Maclean scharf. Wenn diese sonst so stabilen und ausgeglichenen Engländerinnen im Hausdienst mal zusammenbrachen, dann waren sie schlimmer als alles andere. »Komm in zehn Minuten in mein Arbeitszimmer«, be fahl sie. »Wir dürfen Patsy nicht beunruhigen.«

»Nein, Madame«, flüsterte Mary und schlich sich aus dem Zimmer.

Sie gab ihrer kleinen Enkelin einen Gutenachtkuß und sang ihr noch ein Schlafliedchen vor, das Jennet besonders geliebt hatte. Dann öffnete sie das Fenster und ging in ihr Arbeitszimmer, um zu warten.

So sehr sie es auch versuchte, gelang es ihr doch nicht, der Angst Herr zu werden, die sie gepackt hatte. Mary mußte etwas in Jennets Haus gesehen haben, was dort nicht hingehörte. Während Jennet fort war und gewiß nicht heimkehren würde, war etwas geschehen.

Die Tür wurde geöffnet und Mary stand vor ihr. Dr. Maclean beugte sich vor über ihren Schreibtisch. »So, Mary, und jetzt erzählst du mir ganz ruhig und genau, was du gesehen hast.«

Mary erfaßte ihren Schürzenzipfel.

»Und bitte, nicht weinen«, sagte Dr. Maclean fest, und sie ließ die Schürze sinken.

»Madame, das Hausmädchen von Miss Jennet – ich meine, Mrs. Farland – das sie eingestellt hat, um sich während ihrer Abwesenheit um alles im Haus zu kümmern, – nun, sie hat gesagt, daß Mr. Farland gar nicht mehr kommt, er schläft auch nicht zu Hause, sagt sie.«

»Schläft nicht zu Hause!« sagte Dr. Maclean. »Ich glaube, du irrst dich, Mary.«

»Nein, Ma'am, gewiß nicht«, sagte die Frau. Sie zögerte, dann brach es aus ihr heraus. »Oh Ma'am, soll ich es Ihnen sagen oder nicht, ich weiß es nicht, ich denke doch nur an Miss Jennet.« »Selbstverständlich mußt du es mir sagen«, sagte Dr. Maclean.

»Sie – das Mädchen, meine ich – sie sagt, daß er – Mr. Farland – sich mit einer anderen Frau eingelassen hat.«
»Mary!« Ihre Stimme war verbietend, furchterregend, so daß die bleichen Wangen der Frau erröteten.
»Sie hat mir zwei Briefe gezeigt, Ma'am, sie fand sie in den Taschen seines Anzugs. Ich hab' sie gesehen. Sie heißt Christine.« Sie hustete hinter vorgehaltener Hand. »Ich bring' es nicht über mich, ihren Inhalt zu wiederholen, Ma'am. Aber sie waren – zusammen, sozusagen, wenn Sie verstehen, was ich meine.«
Sie hob die Augen und sah Dr. Macleans Gesicht. »Ach, Madame!« schluchzte sie auf. Ihre Augen füllten sich mit Tränen. Dann brach sie in Schluchzen aus, sie warf sich die Schürze über den Kopf und stürmte aus dem Zimmer.
Wie versteinert blieb Jennets Mutter an ihrem Schreibtisch sitzen. Es war nicht gut möglich, an Marys Bericht zu zweifeln – aber es war unmöglich, es sich vorzustellen. Und doch sollte Jennet nichts erfahren, sie durfte es nicht erfahren, wenn es nicht die Wahrheit war. Ihr ganzes Inneres sträubte sich dagegen, Francis zu fragen. Nein, sie brachte es nicht über sich, ruhig und ohne Zorn mit dieser angenehmen Stimme zu sprechen, in dieses charmante, gewinnende, lächelnde Gesicht zu sehen. An wen könnte sie sich wenden? Wo war der Richter, der die Wahrheit herausfand? Und selbst wenn es wahr wäre, mußte Jennet es erfahren? Würde es möglich sein, Francis so zu verunsichern, daß er sich wieder anständig benehmen würde? Liebte er Jennet überhaupt noch?

Sie saß da, ohne zu spüren, wie die Zeit verrann, und suchte grübelnd nach einem Ausweg. Sie hatte niemanden. Ihr ganzes Leben lang war sie nur auf sich selbst gestellt gewesen. Wenn es nur um sie selbst gegangen wäre, hätte sie vielleicht einen Weg gefunden, aber jetzt war es Jennets Schicksal, das in ihrer Hand lag.

»Aber Francis hat schließlich auch Eltern«, dachte sie. Sie würden unter dieser Sache leiden. Wieviel schwerer noch als es für sie war, da ihr Kind sich nichts hatte zuschulden kommen lassen, mußte es für die beiden sein. Sie spürte plötzlich, wie Tränen in ihre müden Augen stiegen bei dem Gedanken an Jennets Güte und Menschlichkeit.

»Sie ist so gut«, flüsterte sie, während die Tränen ihre Wangen hinabliefen. »Sie hat sogar ihren Beruf für ihn aufgegeben, weil sie nicht wollte, daß irgend etwas zwischen ihnen stünde.« Sie riß sich zusammen. Natürlich mußte Dr. Farland informiert werden. Sie wollte es ihm am nächsten Morgen sagen. Sie stand auf und war zu erschöpft, ins Bett zu gehen. Sie streckte sich auf der Couch aus, zog die alte, grüne Reisedecke über sich und fiel in tiefen Schlaf.

Die beiden Mediziner saßen sich von Angesicht zu Angesicht gegenüber, jeder schien vor dem anderen etwas verstecken zu wollen. Dr. Farlands Gesicht war grau.

»Wenn das wahr ist, Dr. Maclean, dann ist mein Sohn ein Mistkerl.«

»Urteilen Sie nicht, bevor Sie Gewißheit haben«, antwortete sie.

»Gutaussehenden Männern schreiben Frauen manchmal die seltsamsten Briefe. Aber ich werde ihn nicht in Schutz nehmen, nur weil er mein Sohn ist, – ich möchte, daß Sie das wissen.«
»Dessen bin ich sicher.« Sie erhob sich und streckte ihm ihre kleine, kalte Hand entgegen. Er nahm sie und hielt sie einen Augenblick aus lauter Verzweiflung fest.
»Wie geht es Jennet heute?«
»Ich habe eben telefoniert. Die Stationsschwester sagt, es ginge ihr ausgezeichnet.«
»War *er* gestern da?«
»Ja – sogar mit Rosen.« Sie entzog ihm ihre Hand, lächelte ihm traurig zu und ging.
Dr. Farland drückte auf einen Klingelknopf. »Sagen Sie alle mein Termine für heute ab«, sagte er zu seiner Sprechstundenschwester, als sie in der Tür stand.
»Aber Herr Doktor –.«
»Teilen Sie die Patienten auf zwei meiner Kollegen auf«, befahl er. »Sagen Sie, ich wäre krank, ich brauche ein paar Stunden für mich.«
Entschlossen setzte er seinen Hut auf und ging mit langen Schritten an dem halben Dutzend Patienten vorbei, die im Wartezimmer saßen. Auf der Straße sah er auf seine Uhr. Halb zwölf. Das beste wäre, ein Taxi zum Büro des Jungen zu nehmen und ihn dort direkt zu überraschen. Er winkte einen Wagen heran, sprang hinein, rief dem Fahrer die Adresse zu und ließ sich in die Polster zurückfallen. Den Hut schob er über die Stirn. Er würde direkt hineinmarschieren und dem Jungen die Pistole auf die Brust setzten. »Du Mistkerl, du,

deine Frau liegt in der Klinik und bringt dein Kind zur Welt –.« Wieder und immer wieder murmelte er vor sich in: »Du Mistkerl, du . . .«

Das Taxi fuhr mit Schwung an den Bordstein und hielt. Er warf dem Fahrer ein Geldstück zu und betrat steifbeinig das Gebäude.

»Siebter Stock«, sagte er.

»Werden Sie erwartet?« fragte der Angestellte ihn im Vorzimmer automatisch.

Dr. Farland schob seinen Hut ins Genick und starrte ihn wütend an. »Ich bin sein Vater, verdammt nochmal!«

»Entschuldigen Sie, Sir«, sagte der Angestellte hastig. »Er – Mr. Farland ist heute morgen noch nicht angekommen. Er hat hinterlassen, daß man ihn zu Hause erreichen könne, wenn es etwas Wichtiges sei –.«

»Schon gut!« Dr. Farland machte auf dem Absatz kehrt und stürmte zurück zum Aufzug. Immer noch zu Hause. Beinahe schon Mittag. Er wollte gar nicht wissen, warum, wollte nicht daran denken. »Dieser Mistkerl. Dieser verdammte, verkommene . . .«

Endlich war er an dem Mietshaus angekommen. Er schob den Portier im Empfang beiseite und drückte wild auf den Liftknopf, schrie über den ganzen Flur nach dem Liftboy und schlug mit Fäusten gegen die Tür. Er wartete nur eine Sekunde, dann trat er gegen die Wohnungstür. Dann sah er Francis, mit eilig über den Pyjama geworfenem Morgenmantel, wirrem Haar und verschlafenen Augen.

»Aber Dad«, sagte er unsicher.

»Du verdammter, gemeiner, widerlicher Mistkerl!«
Francis stand wie angewurzelt und starrte seinen Vater an. Also hatte es der Alte irgendwie erfahren!
»Setz' dich«, sagte er kühl.
»Ich werde mich nicht setzen!« brüllte sein Vater. »Ich werde mich nicht besudeln und hierbleiben! Was hast du getan, während deine Frau nicht da war? Was für ein – oh Gott!«
Er zog sein Taschentuch hervor und wischte sich damit über die Stirn. Als er seinen Sohn wieder ansah, fühlte er sich schwach und krank.
»Junge, ist das wahr?« flüsterte er.
Francis rührte sich nicht und sprach keinen Ton.
»Kannst du mir nicht antworten – oder willst du nicht?« flehte sein Vater.
»Nein«, sagte Francis.
»Auch nicht, ob es die Wahrheit ist?«
»Das ist meine Sache«, preßte Francis dumpf hervor.
»Dann ist es also wahr«, flüsterte sein Vater. »Mein Gott, ich konnte es nicht glauben. Ich war wütend, aber eigentlich hab' ich es nicht geglaubt. Diese gewöhnliche Schlampe – nach Jennet! Aber es ist wahr.«
Ihm wurde übel, und er hatte nicht einmal mehr die Kraft, zornig zu sein. »Muß nach Hause«, murmelte er. Blindlings wandte er sich um und holte den Lift, und er wußte, daß Francis immer noch dastand und ihn beobachtete. Aber er drehte sich nicht um. Er mußte rasch nach Hause, wo er sich hinlegen konnte. Der Lift kam endlich, er stieg ein und lehnte sich mit geschlossenen Augen in eine Ecke. Fast wäre er zu Boden ge-

sunken, aber irgendwie hielt er sich auf den Beinen. »Der Alte hat 'ne anstrengende Nacht hinter sich«, hörte er den Liftboy hinter seinem Rücken kichern, als er ausgestiegen war. Aber er kümmerte sich nicht darum. Ins Taxi, die Augen zu – daheim, Schlüssel in die Tür – er taumelte in die Diele und sah verschwommen seine Frau im dahinterliegenden Zimmer.
»Edith«, sagte er schwach aber deutlich, »Francis ist ein Mistkerl.« Dann brach er zusammen und wurde sofort bewußtlos.

Das Telefon läutete ununterbrochen. Francis löste zögernd Christines Arme, die um seinen Hals geschlungen waren.
»Muß sehen, was los ist, Süße«, sagte er sanft.
»Ach was, laß es doch klingeln«, flüsterte sie. Sie umarmte ihn erneut, und er wartete einen Augenblick. Es läutete und läutete.
»Ich muß rangehen«, sagte er.
Er ließ sie zusammengerollt auf der Couch liegen, das kleine Geschöpfchen, dachte er zärtlich, das immer in seinem Leben zu kurz gekommen war. Er war der erste in ihrem Leben, der sie hatte glücklich machen können, das hatte sie ihm viele Male bestätigt. Sie sah zu ihm auf, blond und blauäugig.
»Du bist wunderbar!« hauchte sie, und er lächelte.
Aber das Telefon läutete immer noch. Er ging hinüber, riß den Hörer aus der Gabel und schrie hinein: »Hallo! Hallo!«
»Francis, mein Junge!« Es war seine Mutter, ihre Stim-

me vor Weinen fast erstickt. »Komm' rasch heim, mein Lieber. Dein Vater hatte einen Schlaganfall!«
»Mein Gott, Mutter!« stöhnte er. »Ich komme so rasch ich kann.« Er legte auf. »Ich muß fort«, sagte er zu Christine.
»Oooch –« fing sie an.
»Es handelt sich um meinen Vater«, sagte er. »Er ist sehr krank.« Eilig zog er Mantel und Hut an. Christine blieb unbeweglich auf der Couch liegen. Unschlüssig sah er sie an.
»Wäre besser, du gingst jetzt rüber ins Büro, Süße.«
»Was soll ich da, wenn du nicht da bist?«
»Wir sind noch nicht ganz soweit, daß wir es aller Welt sagen können«, sagte er.
Plötzlich sprang sie auf und warf sich in seine Arme. »Versprichst du, mich nie wieder zu verlassen? Versprich, daß du es dir niemals anders überlegen wirst?«
»Versprochen«, flüsterte er. Ach, sie war etwas Kleines, Weiches, süß wie ein Kind! Ihr Kopf ging ihm kaum bis zur Schulter.
»Ich habe niemanden auf der Welt – außer dir! Ich habe noch nie in meinem Leben jemanden so geliebt wie dich. Ich werde niemals jemanden anderen lieben.«
»Ich weiß.«
»Oh, Frank, du bist so stark – halt mich fest!«
Er nahm ihre Hand. Ein Mann konnte mal einen Fehler machen – andere Männer machten auch Fehler. Ein Mann hat das Recht auf sein eigenes Leben, und hier war eine Frau, die ihn brauchte, die an ihn glaubte, so wie er war, ohne ständig mehr von ihm zu erwarten.

»Du bist mein Chef und wirst es immer bleiben«, sagte sie und lächelte zu ihm auf. »Wenn du erst mein Mann bist, wirst du trotzdem der Chef bleiben.«

»Süßes!« murmelte er. »Ich komme ins Büro so rasch es geht.« Er löste sich aus ihren Armen und verließ eilig die Wohnung. Sein Herz war wie Wachs. Nichts und niemand würden ihn dazu bringen, Christine aufzugeben.

»Schnell«, sagte er zu dem Taxifahrer.

»Das sagen sie alle«, gab der Taxifahrer zurück.

»Ich glaube nicht, daß es gut wäre, wenn ich jetzt zu ihm hineinginge«, sagte er zu seiner Mutter. Dann beschloß er, ihr die Wahrheit zu sagen. »Vater ist wütend auf mich, Mutter, und vielleicht solltest du besser alles wissen. Tatsache ist –« er suchte eine Tasche nach der anderen nach Zigaretten ab, »ich habe feststellen müssen, daß ich nicht glücklich bin mit Jennet. Vater weiß das. Er hat sich heute morgen darüber aufgeregt.«

»Francis!« Seine Mutter setzte sich rasch auf den nächsten Stuhl. »Mein Lieber, was sagst du da?«

»Es tut mir leid, Mutter. Ich weiß, daß es ein Schock ist. War es für mich übrigens auch.«

»Aber Francis, du hast doch nicht – mein Gott, so plötzlich!«

»Für mich nicht, fürchte ich. Ich weiß es schon seit Monaten.«

»Aber Jennet hat gerade erst dein zweites Kind geboren!«

»Mutter, nun sei doch nicht so altmodisch. Natürlich

habe ich versucht – gegen meine Gefühle anzukämpfen, habe mich bemüht, genauso wie immer zu Jennet zu sein.«

Sie fing an zu weinen, und er war froh darum. Das bedeutete immer, daß sie weich wurde und daß sie versuchen würde, ihn zu verstehen.

»Ach Gott, ach Gott, deshalb hat er dich so etwas Abscheuliches genannt.«

Er fragte nicht, wie sein Vater ihn genannt hatte. Statt dessen ging er zu seiner Mutter und legte ihr den Arm um die Schultern.

»Mutter, Christine wird dir gefallen.«

Sie nahm das Taschentuch vom Gesicht und sah zu ihm auf. »Wer ist Christine?«

»Christine Bland. Ich werde sie heiraten.«

»Francis! Du hast nichts davon gesagt, daß es sich um eine andere handelt!«

»Dadurch weiß ich's ja, Mutter.«

Sie schluchzte erneut. Sanft sagte er: »Mutter, du mußt mir helfen. Alle werden gegen mich sein und gegen Christine. Aber du hast mich immer verstanden. Es richtet sich gar nicht gegen Jennet, Mutter. Sie ist in Ordnung und war es auch immer. Aber Christine ist mehr wie du – sanft und verständnisvoll. Sie liebt mich – auch ein wenig so, wie du mich liebst, glaube ich. Jennet war nie zufrieden mit mir. Eigentlich mag sie Männer wie mich gar nicht. Sie wollte mich immer irgendwie anders haben. Aber Christine – sie findet mich einfach wunderbar.«

Seine Mutter wischte sich über die Augen. Er spürte,

wie sich ihre Hand in die seine schob und ihn festhielt.
»Du und Christine, ihr habt eine ganze Menge gemeinsam«, sagte er, »was man von dir und Jennet nicht behaupten könnte.«
»Jennet bemüht sich immer, nett zu mir zu sein«, wandte seine Mutter ein.
»Christine bräuchte sich da gar nicht zu bemühen«, sagte er voller Wärme.
»Nun«, meinte seine Mutter unsicher, »ich weiß nicht . . .«
»Halte zu mir, Mutter«, drang er in sie. »Das hast du doch immer getan!«
»Nun, ich will's versuchen«, sagte sie traurig. »Aber zuerst müssen wir abwarten, bis dein Vater wieder gesund wird.«
In der Tür erschien der Arzt. »Sie dürfen hereinkommen«, sagte er. »Dr. Farland ist zu Bewußtsein gekommen.«

Wenn es Dr. Farland wirklich besser ging, wie konnte er dann so schwach sein? Als Jennets Mutter drei Tage später an seinem Bettrand saß, wußte sie, daß es auf diese Frage wohl nie eine Antwort geben würde. Sie mußte sich daran halten, wie er jetzt war, erstaunlich gut erholt, aber irgendwie nicht mehr der gleiche. Ein leichter Schock – aber konnte ein Schock je leicht sein?
»Ich werde es Jennet heute sagen müssen«, sagte sie. »Sie soll morgen nach Hause entlassen werden. Ich nehme sie mit zu mir in mein Haus, noch weiß sie nichts davon.«

Jennets Mutter sah gealtert aus, dachte Dr. Farland, sehr alt. Er würde sich in ein paar Tagen wieder erholt haben. Seine Zunge war beim Sprechen nur noch geringfügig taub. Aber er fühlte sich müde – so müde. Alles ermüdete ihn.

»Ich habe getan, was ich konnte, aber der Junge hat sich entschieden«, sagte er. »Es kam nicht von heute auf morgen.«

»Ich glaube nicht, daß Jennet auch nur den Schatten einer Ahnung hat«, sagte sie. »Sie liebt ihn voller Hingabe.«

»Vielleicht zuviel Hingabe«, murmelte Dr. Farland. »Sie hat sehr viel Energie.«

Sie dachte darüber nach. Vielleicht war etwas daran. Dann rebellierte ihr Innerstes vehement gegen irgendeinen Fehler von Jennets Seite.

»Ich weiß, daß sie mit all ihren Mitteln versucht hat, ihm eine gute Frau zu sein«, sagte sie bestimmt. Das klang altmodisch, aber sollte es nur, dachte sie. In eben diesem altmodischen Sinne hatte Jennet alles getan, ihm eine gute Frau zu sein. Ihre Wohnung war fabelhaft in Ordnung, ihr Mann stand ganz bewußt immer an erster Stelle. »Das wird Francis gefallen, Francis wird das nicht schätzen –.« Wie oft hatte sie miterlebt, wenn Jennet die Entscheidungen ihres gemeinsamen Lebens unter diesem Vorzeichen traf.

»Nun ja«, sagte Dr. Farland. Er dachte an die Stunden, in denen Edith mit ihm gesprochen hatte. Sie hatte ihn überredet, daß er Francis empfangen müsse. *»Unsere* kleine Familie darf uns von niemandem zerstört werden«, hatte sie gesagt, und so hatte er Francis hereinkommen lassen, und nach einer Weile spürte auch er, wovon Edith zu ihm gesprochen hatte. Sie waren eine Familie, er und Edith und Francis, und schließlich hatte er sich den Standpunkt des Jungen erklären lassen. Diesen Standpunkt gab es zweifellos, aber wie sollte er darüber mit Jennets Mutter reden? In diesem Augenblick stand sein Arzt in der Tür, und so mußten sie das Gespräch beenden, und er war froh darüber.

»Ich bin froh, daß Sie es Jennet sagen werden«, meinte er, »und erzählen Sie ihr, wie unendlich traurig wir darüber sind – Edith und ich. Aber ich fürchte, es ist unvermeidlich und vielleicht niemandem anzulasten. Sagen Sie ihr, daß wir sie lieben und sie immer lieben werden.«

Sein Arzt trat ins Zimmer und Jennets Mutter erhob sich. »Das werde ich«, sagte sie.

»Aber, aber!« rief der Arzt beim Anblick seines Patienten. »Du nimmst dir doch nicht schon wieder zuviel vor? Wie geht es Ihnen, Dr. Maclean? Schöner Tag heute, nicht wahr? Ist Ihnen je jemand so Zähes wie Frank Farland untergekommen?« Er und Frank waren alte Freunde, und Edith hatte ihm die ganze traurige Geschichte erzählt – mußte sie ja, um den Schock zu erklären. Er hatte sich nie etwas aus Frauen im Arztberuf gemacht, aber jetzt wollte er zu dieser Frau wenigstens nett sein.

Ein furchtbar trauriges Lächeln umspielte ihre Lippen. »Er hat sich bewundernswert erholt«, sagte sie. Wieder lächelte sie und glitt leise aus dem Zimmer.

Im Flur blieb sie zögernd stehen, nicht um zu lauschen, wie sie sich später sagte. Sie blieb stehen, ihre Schritte waren unhörbar auf dem dicken Teppich. Eigentlich wollte sie nur überlegen, was sie als nächstes für ihr Kind tun könnte. Weder Francis noch seine Mutter waren ihr begegnet. Eine Begegnung mit ihnen war ihr unmöglich. Aber jetzt fragte sie sich, sollte sie nicht doch mit Francis sprechen, um möglicherweise herauszufinden, was ihn dazu bewogen hatte –? Und da, in diesem Augenblick, hörte sie Dr. Farlands tiefe Stimme, seine Antwort auf eine Frage, die sie nicht vernommen hatte.
»Schließlich mögen es Männer nicht, herumkommandiert zu werden«, sagte Dr. Farland gerade, »und Jennet kommt aus einem Haus, wo die Frau der Boss ist.«
Als Antwort darauf hörte sie ein Lachen. Auch dieses Lachen empfand sie wie die Worte zuvor wie einen Schlag von einer vertrauten Hand. Dr. Farland, Gareths Freund, auch ihr Freund, wie sie immer geglaubt hatte, hatte er so wenig von allem verstanden in all den langen Jahren? Sah er in Gareth nichts anderes als den üblichen Pantoffelhelden – und sie als zu der Sorte Frauen gehörend, die das Regiment führen? Sie war zu erfolgreich gewesen, dachte sie bitter, zu erfolgreich damit, Gareths Versagen vor jedem zu verbergen. Sie hatte versucht, ihn zu schützen, und das wurde ihr jetzt zum Vorwurf gemacht.
Plötzlich stieg die Wut in ihr hoch. Nein, das war wirklich unerträglich. Sie würde hingehen und die Wahrheit sagen. »Ich habe alles gehört, was Sie gesagt

haben – es ist nicht wahr! Ich habe niemals versucht, Gareth zu bevormunden – nie, nie! Ich habe ihn geliebt und verehrt. Ich hatte mir von ihm gewünscht, daß er mich daheim bleiben ließe, damit ich Kinder haben könnte und – und seine Frau sein . . .« Sie wandte sich rasch um und war entschlossen, in jenes Zimmer da zu gehen und diesen beiden Männern die Wahrheit zu sagen, wie sie in all diesen Jahren Gareths Veränderungen vor aller Welt verborgen gehalten hatte und daß sie, um es verbergen zu können, gearbeitet und verdient hatte, um das Haus abzubezahlen, daß sie sich um Jennet gekümmert und für ihre Ausbildung gesorgt hatte, – was wäre denn mit ihnen allen geschehen, wenn sie dazu nicht in der Lage gewesen wäre?
Das Gelächter der beiden dröhnte ihr noch immer in den Ohren.
Dann blieb sie stehen; sie fühlte sich zu sehr verletzt, um sich verteidigen zu können. Wenn ein naher Freund sie nicht besser kannte, würde auch alles, was sie jetzt sagen wollte, ihr nichts nützen. Nein, wenn sie redete, würde all das offengelegt, was sie um Gareths willen all diese Jahre hindurch vor anderen versteckt hatte. Eine Sekunde zögerte sie noch, dann wandte sie sich um und stahl sich die Treppe hinunter und hinaus ins Freie. Es hatte keinen Sinn, mit Francis oder seiner Mutter zusammenzutreffen. Was könnte sie sich aus einem solchen Zusammentreffen erhoffen, nach der eben erst durchlittenen Niederlage? Sie würde besser in die Klinik fahren und Jennet alles so rasch und einfach erzählen wie sie konnte.

Man sollte Krankenhauszimmer fröhlicher ausstatten, dachte sie, damit man bei schlechten Nachrichten die Möglichkeit hat, den Blick auf ein heiteres Bild an der nackten Wand zu lenken.
»Ich kann es nicht glauben«, hauchte Jennet.
»Ja, Liebling, das konnte ich anfangs auch nicht.«
Wenn es ein Bild dort an der kahlen Wand gegeben hätte, eine stille Wiese, ein kleiner Teich, ein Baum, irgend etwas, damit sie dorthin und nicht in dieses arme, leidende Gesicht sehen müßte! »Aber Mutter, wir sind doch immer glücklich gewesen!«
»Jennet, er sagt, daß er das seit Monaten schon nicht mehr war. Das sagte mir sein Vater. Sie ist seit einem Jahr seine Sekretärin.«
Die nackte Wand war immer noch besser als Jennets Gesicht! Sie wußte aus vielen schmerzhaften Erfahrungen, daß sie Jennet jetzt nicht in den Arm nehmen durfte. Sie haßte es so sehr zu weinen – das hatte dieses stolze Kind immer gehaßt.
»Diese alberne Person! Weißt du überhaupt, Mutter, daß sie älter ist als Francis? Sie ist dreißig, wenn nicht gar älter! Und nicht einmal hübsch!«
Sie sagte nichts darauf. Wenn Francis zu dieser Sorte Männer gehörte, was halfen da derartige Vergleiche? Francis hatte sich nicht eigentlich in eine andere Frau verliebt, nein, er war nur in sich selbst verliebt. Er würde jede Frau lieben, die seinen Selbstwert erhöhte.
»Du bist eine sehr aufrichtige Frau, Jennet«, sagte sie. »Ich glaube nicht, daß Francis die Wahrheit ertragen kann, besonders nicht die über sich selbst.«

»Was meinst du damit, Mutter?«
»Er spürte, daß du ihn so sahst, wie er ist. Natürlich ist ihm das nicht bewußt.«
»Mutter, ich liebe ihn!«
»Nicht so, wie er ist.«
»Aber – aber er könnte doch soviel aus sich machen!«
»Das eben will er nicht.«
»Ich wollte ihm doch nur helfen!«
»Er will auch deine Hilfe nicht.«
»Ich dachte, ich müßte . . .«
»Es war sinnlos.«
Sie wandte den Blick von der kahlen Wand und zwang sich, Jennet anzusehen. Sie mußte mit aller Kraft den Gedanken verdrängen, daß dies ihr eigenes Kind war. Es war das Gesicht einer Frau – irgendeiner Frau, die litt.
»Sie – dieses Mädchen, meine ich – sie wird ihm wahrscheinlich besser helfen können als du es konntest, Jennet. Sie wird ihm das Gefühl geben, daß er es muß – ihretwegen – weil sie unfähig ist und hilflos, alles das, was man generell mit unnütz meint.«
»Könnte es sein, daß ich . . .«
»Du kannst dich nicht vestellen, Jennet. Du kannst nicht verbergen, wie du wirklich bist. Wenn du es versuchen würdest, es würde dir nicht lange gelingen.« Sie konnte nicht angehen gegen das Wohlgefühl einer heimlichen Bitterkeit, die Jennet nicht verstehen würde, weil sie von nichts wußte. »Gewöhnliche Männer würden einfach behaupten, daß Frauen wie du und ich den Daumen drauf haben, daß wir es lieben, die Kon-

trolle über alles zu haben –.« »Es spielt keine Rolle«, sagte sie. »Du und ich – wir müssen so sein, wie wir gedacht wurden. Wenn wir aus diesem Grund allein durchs Leben gehen, dann gehen wir eben allein. Manchmal finden Frauen wie wir jemanden, es muß sie ja geben, auch solche Männer.« Dr. Macleans Augen wanderten wieder zurück zu der kahlen Wand. Ein langes Schweigen hing im Raum. Dann sprach Jennet. »Ich muß darüber nachdenken, allein.«

Ihre Mutter erhob sich. »Ja, natürlich. Heute Abend komme ich wieder.« Zögernd machte sie einen kleinen Schritt auf Jennet zu und drückte einen raschen, festen Kuß auf Jennets Handrücken. »Ich werde Francis anrufen und ihm sagen, daß du alles weißt«, sagte sie dann ruhig. Mit klarer Stimme fuhr sie fort: »Vielleicht stillst du das Kind heute abend besser nicht selber. Ich werde die Schwester anweisen, der Kleinen die Flasche zu geben, weil du einen Schock erlitten hast – zweifellos.«

»Ich danke dir, Mutter«, sagte Jennet mit einer Ruhe, die im krassen Widerspruch stand zu ihren großen, leidenden Augen und den roten Flecken auf ihren Wangen. Ihre Mutter zögerte einen weiteren Augenblick.

»Wie ich dich bewundere!« sagte sie. »Ich habe noch keine Frau erlebt, die einen solchen Schlag derartig hingenommen hätte.«

Sie schauten sich lange an mit dem Blick der Verzweiflung, jede wußte um den tiefen Schmerz der anderen.

»Du bist eine außergewöhnliche Frau«, sagte Jennets Mutter mit einem traurigen Lächeln. »Es gibt nur selten Männer, für die solche Frauen richtig sind, weißt du.«

Jennets Lippen zitterten. »Ich möchte nicht so sein, daß Francis mich nicht lieben kann«, flüsterte sie. Sie wandte den Kopf ab und ihre Mutter widerstand ihrem Impuls, dieses stolze Geschöpf in die Arme zu nehmen. Jennet würde ihr nicht verzeihen, wenn sie sie zum Weinen brächte. Sie legte die Hand auf die Türklinke.

»Du bist eben so, wie du sein mußt, mein liebes Kind«, sagte sie und ging hinaus.

So schwer wie dieser Tag, dachte Dr. Maclean bei sich, würde ihr nie im Leben wieder etwas werden können. Sie hatte Menschen sagen müssen, daß sie sterben würden, weil es keine Behandlung mehr für ihre Krankheit gab. Aber selbst so etwas würde sie nach dieser Erfahrung nicht mehr so erschüttern wie früher. Als sie in der Telefonzelle stand, um Francis anzurufen, dachte sie, daß es vielleicht leichter gewesen wäre, hätte sie Jennet einfach sagen können: »Francis ist tot.«

»Hallo, hallo!« drang seine lebendige Stimme an ihr Ohr.

»Bist du es, Francis? Hier spricht Jennets Mutter.«

»Oh – ja.« Die lebendige Fröhlichkeit verlor sich sofort.

»Ich wollte dir nur sagen, daß ich mit Jennet gesprochen habe. Sie erwartet dich also nicht heute Abend.«

»Wie geht es ihr?« Er klang bedrückt.

»Jennet ist tapfer genug für die Wahrheit, schon immer.«

»Ich weiß – aber . . .«

»Morgen wird sie zu mir kommen. Sie wird bei mir bleiben, bis sie weiß, was sie tun wird.«

»Das ist sehr lieb von Ihnen.«

Darauf mochte sie nicht mehr antworten, also legte sie auf. Jetzt mußte sie heimfahren und es Gareth erzählen.

»Du darfst nicht zu streng mit ihm sein«, sagte Gareth. Sie hatte es ihm nach dem Abendessen erzählt, als sie zu zweit waren in eben dem Zimmer, in dem Jennet vor zwei Jahren geheiratet hatte. Sie hatte ihm gesagt, daß Jennet für eine Weile in ihr Elternhaus zurückkehren würde. Als er sie nach dem Grund dafür fragte, hatte sie ihm in dem gleichen sanften Ton erklärt, daß Francis sich in seine Sekretärin verliebt habe und daß Jennet herausfinden müsse, wie ernst die Lage sei. »Eine ganz normale Sache«, hatte sie hinzugefügt – und gemeint, daß keine Bitterkeit in ihren Worten mitschwang. Aber dann hatte Gareth so rasch gesprochen, rascher als in all den vergangenen Jahren, daß sie erschrak.

»Bin ich streng?« fragte sie.

»Du verurteilst ihn«, sagte er. »Das spüre ich.« Unruhig wandte er den Kopf ab. »Das Recht ist vollkommen auf deiner Seite«, sagte er. »Also verurteile ihn nicht.«

»Erklär' mir, was du damit sagen willst«, sagte sie. Sie beugte sich vor, denn sie spürte, daß ein Geheimnis kurz vor der Aufklärung stand, ein Geheimnis, das in all diesen Jahren vor ihr gehütet worden war.

»Er kann nichts dafür«, sagte Gareth, ohne sie anzusehen.

»Nein?«

»Nein. Er hat dagegen angekämpft, sich in diese andere Frau zu verlieben. Er wollte nichts Unrechtes tun. Aber er weiß, daß ihm, wenn er tut, was von ihm erwartet wird, Jahre absoluter Leere bevorstehen.«

»Mit Jennet? Wie sollte das möglich sein?«

»Verstehst du –, sie ist ihm zu sehr überlegen, und das weiß er. Er taugt nicht viel, und das weiß er auch. Und sie hat seinetwegen zu große Opfer gebracht.«

»Aber er bedeutete ihr soviel, und sie war glücklich, alles andere für ihn aufzugeben!« Es war, als flehte sie ihn an.

»Ja, schon, und doch war es ihr unmöglich, zu vergessen, was sie alles aufgegeben hatte, und das weiß er.«

»Sie hat ihn niemals daran erinnert oder es ihm vorgehalten.«

»Er spürt das. Er fragt sich wieder und immer wieder, ob es richtig war von ihm, zuzulassen, daß sie all das, wozu sie fähig gewesen wäre, aufgegeben hatte – und zwar seinetwegen.«

»Aber Liebster, Liebster, sie wollte es doch so!« Es war wie ein Aufschrei aus ihrer eigenen Jugend.

»Ja, aber hatte sie das Recht, sich selbst aufzugeben? Und außerdem –.« Er ließ den Kopf sinken.

»Gareth, sprich weiter!«

»Sie hat sich verändert, weil sie nicht gegen ihre wahre Natur leben konnte. Da sitzt zuviel Energie, zuviel Macht in ihr, zusammengeballt in einer Person. Davor

wollte er fliehen. Es war zuviel für ihn.« Seine Stimme war immer leiser geworden.
»Deshalb also ist er in diesen Krieg gegangen«, dachte sie, »nicht einmal als Arzt – sondern als einfacher Soldat, um vor *mir* zu fliehen.«
»Ist das Jennets Schuld?« fragte sie dann.
Er hob seinen Kopf wieder. »Aber nein«, sagte er hastig. »Überhaupt nicht – niemals! Was könnte sie schon tun gegen ihre Persönlichkeit? Aber es müßte schon ein sehr starker Mann sein, der mit ihr glücklich sein könnte. Francis – ist nicht stark. Er hat nicht einmal Kraft genug, er selbst zu bleiben, so wie er früher war und wie er sein möchte! Er existiert nur noch!«
»Ich verstehe«, sagte sie langsam. »Ja, du hast mir geholfen, es zu verstehen.«
»Ja«, sagte er. »Also . . .«
»Dann ist es also auch möglich«, fragte sie leise, »daß diese andere Frau Francis hilft, wieder zu sich selbst zu finden?«
Seine Augenlider zuckten. »Ich – ich glaube, ja.«
»Wird er irgendwann zu Jennet zurückkehren?«
Er dachte darüber nach, runzelte die Stirn und fragte sie dann: »Wird Jennet ihn zurückhaben wollen?«
Diesmal zögerte sie mit einer Antwort. Ach, würde Jennet ihn um diesen Preis von Einsamkeit und langem Schweigen zurückhaben wollen, so, wie sie nun einmal war und so, wie er war? Änderten die Menschen sich je von Grund auf? Wenn sie damals das gewußt hätte, vor langer Zeit, als Gareth in den Krieg nach Frankreich ging, was er ihr eben gesagt hatte, hätte sie ihn da zu-

rückhaben wollen für diese Art Leben, das sie seither, Seite an Seite, so einsam in diesem Haus gelebt hatten?
»Nein«, sagte sie. Einen Augenblick lang hielt sie seinem Blick stand, der sie entsetzte, einem Blick, so wissend, so gegenwärtig, so verständnisvoll und gütig, wie in den alten Zeiten, die wieder lebendig wurden.
»Gareth!« rief sie. Dann fiel sie vor ihm auf die Knie und schlang ihre Arme um ihn. Kehrte er nun endlich zu ihr zurück, kehrte sein Geist zurück in seinen Körper? »Liebster, erzähl' mir, wer sie war!«
Schweiß stand auf seiner Stirn. Sie fühlte eine Macht in ihm ringen, als würde jeden Augenblick ein Gefühl in ihm bersten. »Ja – ja«, flüsterte sie.
»Ich wollte – vergessen.«
»Wenn du mir alles erzählst, vielleicht gelingt es dir dann«, drang sie in ihn. »Es ist doch schon so lange her, kannst du es mir nicht jetzt sagen?« Sie glaubte, daß sie es wissen müsse. Sie mußte endlich wissen, wer die Frau war, die Gareth wirklich geliebt hatte und doch verließ aus dem Pflichtgefühl gegenüber seiner Frau. »Sag's mir, Gareth!« hauchte sie.
Er sah ihr Gesicht vor sich, ganz nah, und er bebte und schwieg. Nach und nach verließ ihn die Kraft und das Licht in seinen Augen erlosch. Er konnte nicht sprechen. Zu lange hatte er geschwiegen. Die Jahre hatten aus ihm das gemacht, war er jetzt war. Er sah sie mit seinem üblichen, leeren Blick an. Sie wehrte sich gegen ihre Niederlage.
»Bereust du es, daß du heimgekommen bist zu mir?« fragte sie flehentlich.

»Ich?« Da war es wieder, sein Zögern, das Verschwommene. »Nein, natürlich nicht. Nein, ich wollte doch – wieder heim.«

»Und war es dein Heim – hier bei mir?«

»Ja, ja, selbstverständlich, es hätte nie ein anderes für mich gegeben.«

Er ist aus anderem Holz als Francis, dachte sie, besser als Francis je sein könnte! Er war zu ihr zurückgekehrt, hatte zu ihr gehalten, sein ganzes Sein auf sie ausgerichtet, um ihr jedoch dann auf eine unaufhaltsame Weise zu entgleiten, als wäre er nie zurückgekommen. Er hatte gelernt, seine Trauer zu ertragen, indem er sich aus dem Leben stahl, und diese Flucht, anfangs willkürlich, war unwillkürlich geworden, anfangs noch bewußt, war sie jetzt unbewußt, bis er nur noch der Schatten seiner selbst war, zwar lebendig, aber mit einem toten Herzen. Würde sie je wissen, warum? Nein, denn er wußte nicht, was er getan hatte. Er glaubte, zu ihr zurückgekommen zu sein. Er wußte nicht, daß das nicht die Wahrheit war, weil er nicht zurückkehren konnte.

»Es wird besser sein, wenn du ihn nicht zurückkommen läßt«, sagte sie zu Jennet. Es war Nacht. In der Klinik war alles ruhig, bis auf das Jammern einer Frau, irgendwo weit weg. Solange sie und Jennet sprachen, konnten sie es nicht hören. »Es wird nie wieder so sein wie früher, liebes Kind. Ich weiß das.«

»Du – du glaubst also nicht, daß Männer ihre Eskapaden haben müssen?«

»Nicht die Männer, die dich und mich betreffen, Jen-

net.« Sie lächelte müde. »Wir sind vielleicht keine einfachen Ehefrauen für normale Männer. Aber dafür können wir nichts. Wir sind in erster Linie Frauen.«
Jennet wandte ihren Kopf ab. »Ich will ihn nicht mehr zurück.«
»Dann wird es leichter sein.«
»Wenn ich ihn nur nicht mehr zu sehen brauche.« Sie starrte hinauf zur Decke. »Muß ich ihn sehen?«
»Nein, mein Liebling.«
»Denn ich weiß, ich will ihn nicht mehr. Aber wenn ich ihn sehe, könnte ich – ihn doch zurückhaben wollen, um jeden Preis.«
»Du mußt genau wissen, was du willst.«
»Das weiß ich«, sagte Jennet. »Der Preis dafür wäre, daß wir beide unglücklich würden. Warum sollten wir beide leiden, wo er mit einer anderen Frau glücklich sein kann?«
»Und du? Du mußt auch an dich denken – ein wenig.«
»Wüßtest du, wo meine Chance läge – die einzige?«
»Arbeit«, sagte Dr. Maclean.
»Arbeit«, stimmte Jennet fest zu.

»Na, alles wieder beim alten?« fragte John Benton, als er sie auf dem Korridor eingeholt hatte.
»Alles wieder beim alten«, sagte sie. Er war sogar noch einen Kopf größer als sie. So große Männer gab es nicht viele. Sie hatte es ganz vergessen.
»Wir hatten uns beide geirrt mit den Präparaten«, sagte er plötzlich.
»Welche Präparate?« Sie hatte es vergessen.

»Sie waren positiv – die Patientin ist gestorben«, sagte er, ohne ihrem Gedächtnis auf die Spur zu helfen. Da fiel es ihr von selbst wieder ein.

»Ach, damals«, sagte sie. Sie sah ihn an und seufzte. »Du bist mir jetzt zwei Jahre voraus.«

»Ich hab' halt immer so weitergemacht«, sagte er fröhlich.

»Welches Fachgebiet?«

»Herz«, sagte er.

»Was ist schwieriger, Herz oder Hirn?« fragte sie.

»Gehupft wie gesprungen«, sagte er.

»Ich werde in die Neurologie gehen«, sagte sie.

Sie waren vor der Tür von Dr. Farlands Büro angekommen. Sie nickte John Benton zu und ging hinein, ganz genau wie vor zwei Jahren – zwei Jahre und sechs Monate waren es sogar. Dr. Farland saß an seinem Schreibtisch, er hatte sich wieder erholt – oder doch fast. In seiner linken Gesichtshälfte zuckte es manchmal. Aber seine Stimme war beinahe so fest und klar wie früher.

»Nun, Jennet?« Bildete sie sich nur ein, daß er ihrem Blick auswich? Er schob einige Papiere beiseite.

»Würden Sie mir noch einmal die gleiche Chance geben wie damals, Sir?«

»Dir würde ich alles in der Welt geben, was ich kann, mein Liebes.« Sie wehrte sich innerlich gegen die Wärme, die in seiner Stimme lag. Alles konnte sie in diesen Tagen ertragen, nur das nicht. Nur die Liebe zweier kleiner Mädchen bedeutete ihr etwas, jetzt und wohl für alle Zeiten – sollte es auf der Welt etwas geben, das für alle Zeiten war!

»Dann möchte ich mich gern wieder für Hirnchirurgie einschreiben, Sir. Darin möchte ich meinen Facharzt machen.«

»Das Schwierigste von allem.« Er runzelte die Stirn. »Jennet, warum suchst du dir etwas aus, wo es für dich am allerschwierigsten werden wird? Ganz abgesehen von den Vorurteilen deiner männlichen Kollegen?«

Sie erwog kurz einen Gegenschlag. Was wäre, wenn sie entgegnete: »Ich habe ganz andere Kämpfe hinter mir, als die gegen Vorurteile!« Aber sie sprach es nicht aus. Zynismus lag ihr nicht. Das war etwas für kleine Leute.

»Es wird mir nichts ausmachen, Sir«, sagte sie.

Als er sie ansah, kämpften in seinem Blick Bewunderung und Traditionsbewußtsein miteinander. Aber im Grunde war er immer ein aufrechter Mann, und so siegte die Bewunderung.

»Ich kann nicht behaupten, daß ich dich verstehe«, brummte er, »nicht mehr, als ich je deine Mutter verstanden habe. Aber –«, er zog ein vorgedrucktes Formular zu sich heran und fuhr mit dem Stift die Zeilen hinunter. Dann hielt er inne. »Hier«, sagte er. »Gehirnanatomie – das bedeutet endlose Stunden im Labor. Willst du das wirklich?«

»Ja«, sagte sie.

Er hob den Kopf bei dieser festen, klaren Stimme.

»Also gut«, sagte er, »also gut!«

Sie wandte sich um und ging hinaus, hocherhobenen Hauptes. Er sah ihre kräftigen Schultern und spürte irgendwo in seinem Innern eine eigenartige Zerrissenheit. Francis war etwas entgangen – er hatte etwas ganz

Großes mit diesem Mädchen verloren. Irritiert fuhr er sich mit allen Fingern durch die Haare.
»Aber ob ich mit ihr verheiratet sein könnte . . .«, dachte er. Edith war ihm eine gute Frau. Sie gehörte zu den Frauen, die ein Mann vollkommen vergessen konnte, wenn er nicht bei ihr war.
Draußen vor der Tür stand noch immer John Benton. Jennet sah ihn, als sie aus dem Zimmer kam. Er ging neben ihr her.
»Wollte bloß mal sehen, ob der alte Farland dich einschreiben würde«, sagte er. »Er hat 'ne Menge gegen Frauen in diesem Bereich.«
»Er läßt mich weitermachen«, sagte sie. Dann hob sie den Kopf und sah ihm direkt in die Augen. »Wie ist deine Meinung?«
»Meinung?« wiederholte er.
»Über Frauen als Chirurgen?«
»Ach so«, sagte er, und ihm war, als versänke er in ihren dunklen Augen, »hm, warum nicht? Selbstverständlich.«
Sie wandte den Blick ab, und er atmete tief durch. Erleichterung, das war es, was er empfand! Noch einen Moment länger, und er hätte ihr seine wahre Meinung und seine Gefühle gestanden, und dafür war jetzt nicht der richtige Augenblick. Es war noch viel zu früh, denn ihm selbst war es ja gerade eben erst klargeworden.
»Als ob es nicht doch eine Frau auf der Welt gäbe, die ich heiraten möchte«, dachte er zum ersten Mal im Leben.

Indien, Indien

(England, Indien – 1950)

Sie nahmen ihr Mittagessen in seinem Lieblingshotel in London ein, eine Gelegenheit, die er behutsam zu ihrem Geburtstag geplant hatte. Obgleich er täglich nach London fuhr, war sie kaum zu überreden, mit ihm zu kommen. Die Stadt verursache ihr Kopfweh, führte sie als Entschuldigung an. Sie konnte – und tat es auch – stundenlang im Garten arbeiten, um ihren Rosen zu einer großartigen Blütenpracht zu verhelfen, und vergaß dabei jeglichen Kopfschmerz. Wenn er sie jedoch verleiten wollte, ihn in der Stadt zum Mittag- oder Abendessen zu treffen oder nur Einkäufe zu machen, dann brachten solche Vorschläge ihnen beiden nur Kummer. Sie konnte nämlich ihre Kopfschmerzen nie für sich allein behalten, sondern erklärte ihm sehr genau, wie ihre Schläfen pochten, und zwar mit solcher Heftigkeit, daß sie unmöglich auch nur einen Bissen herunterbringen würde. »Wir werden an deinem Geburtstag im Dorchester essen«, hatte er dennoch eine Woche vorher angekündigt, »und ich will keine Klagen über Kopfweh hören.«

Sie hatte nur mit einem schelmischen Lächeln geantwortet, und der eigentümlich schräge Blick ihrer dunklen Augen ließ sein Herz schneller schlagen. Er brauchte die Tatsache nicht zu verheimlichen, daß er seine zweite Frau weit mehr liebte als seine erste. Marian war ihm eine gute Ehefrau und ihren beiden Söhnen, die jetzt erwachsen waren, eine hervorragende Mutter gewesen. Aber sie war nüchtern, realistisch. Als sie noch lebte, hatte er sich über diese Eigenschaft nie Gedanken gemacht, und als sie vor zwei Jahren unerwartet starb, trauerte er tief um sie, denn er hatte an weitere zwanzig Jahre gemeinsames Leben geglaubt. Wenn er nachdachte, fragte er sich, ob sie nicht weniger nüchtern gewesen wäre, hätte er nicht alles so selbstverständlich hingenommen. Daher bedrückte ihn die Erinnerung, wie sie einmal ausgesehen hatte, als sie jung verheiratet waren. Irgendwo in der Vergangenheit sah er verschwommen eine blühendheitere junge Frau, die sein Leben angenehm gestaltet hatte und dabei allmählich zu einer Matrone wurde. Nie hätte er geglaubt, daß sie vor ihm sterben würde. Dank ihrer kraftvollen Gesundheit konnte er sie sich eher als Witwe vorstellen, in Gesellschaft anderer Witwen, ihrem Schicksal standhaft ergeben.

Statt dessen starb sie eines nachts im Schlaf. Er konnte es nicht fassen, als sie still auf der anderen Seite des Bettes ruhte. Es schien nur sonderbar, daß sie nicht, wie sonst, zuerst aufgestanden war. So war es nun, und er und die zwei Jungen sahen sich gezwungen, ohne sie fertigzuwerden. Er vermißte sie im Haus mehr als persönlich; denn sie hatte ein sehr schönes Heim geschaffen, die Vasen voller Blumen, Obst in den Schalen, die Zigarettendosen stets nachgefüllt, Kamine vorbereitet und frische Handtücher in den Badezimmern. Die Haushälterin, die er nach ihrem Tod angestellt hatte, vergaß meistens diese liebevollen Kleinigkeiten. Als sein Ältester dann wieder in seinem Beruf arbeitete und sein Jüngster zur Universität ging, fühlte er sich einsam; es war die große, unermeßliche Einsamkeit für den, der Gemeinschaft gewohnt war. Ein Jahr nach ihrem Tod machte er in Griechenland Urlaub, ein Land, das er mit ihr nie besucht hatte. Dort traf er Laura und verliebte sich sofort in sie, obgleich sie Marian nicht im geringsten ähnelte.

Vielleicht gerade deswegen. Auch sie erholte sich von einem Trauerfall. Ihr Mann war vor acht Monaten nach langer Krankheit gestorben. Als sie begriff, daß sie seine Liebe erwiderte, war sie entsetzt.

»Oh, nicht schon«, rief sie aus, »wie kann ich, da . . .«

Er erlaubte ihr nicht weiterzusprechen. »Das hat doch keine Bedeutung. Wir wollen froh sein, daß wir zusammenleben können.«

Dennoch duldete sie sein Werben nicht vor Ablauf des Trauerjahres und hatte ihn abgewiesen, weil die Versuchung zu groß war. So verließ er Griechenland, und sie kam später nach England. Sie heirateten still in einer kleinen Kirche, nicht weit von Westminster Abbey. Keiner von ihnen besaß Familie, außer seinen erwachsenen Söhnen, und die waren sehr froh, daß er wieder ein Heim bekam, und sagten es ihm auch.

»Du bist zu jung, um Witwer zu bleiben«, meinte Jonathan, sein Ältester.

In Wahrheit wünschten die Jungen, und das hatte

nichts mit Laura zu tun, unbeschwert ihre eigenen Wege zu gehen, ohne für seine Einsamkeit, an der sie nichts ändern konnten, verantwortlich zu sein. Es war wenig, was eine Generation für die andere tun konnte. Obgleich Laura fast fünfzehn Jahre jünger war als er, vermochte er sich nicht vorzustellen, daß er beinahe ihr Vater sein konnte. Sie gehörten der gleichen Generation an, wenn auch altersmäßig weit auseinander: sie war jung genug, um seine würdevolle Art zu beleben und aufzuheitern, er entsprechend reif, um für ihre Sorglosigkeit die Verantwortung zu tragen.

Und sie war sorglos, das konnte man nicht leugnen. Sie ließ ihre Sachen herumliegen, als sei sie gewohnt, irgend jemand würde sie wieder wegräumen. Und sie war es wirklich gewohnt und bestätigte es ihm, als er sie einige Monate nach der Hochzeit sanft tadelte.

»Laura, mein Liebling«, meinte er, »glaubst du nicht auch, es wäre besser, wenn du ein wenig Ordnung in deine Sachen bringen würdest?«

Er war ein ordentliches Haus gewöhnt, denn Marian gehörte zu den Frauen, die meist unaufdringlich dafür sorgten, daß Mäntel und Hüte aufgehängt und Schirme in die Ständer gestellt wurden. Er brauchte nie zu fragen, wo seine Überschuhe waren, weil er wußte, sie standen auf dem niedrigen Regal im Schrank unter der Treppe. Seine Haushälterin war nicht sehr ordentlich, und nach Marians Tod ärgerte er sich oft über den Zustand des Hauses; denn Staub und Schmutz häuften sich an, und alles, was nicht weggeräumt wurde, blieb liegen. Er hatte angenommen, wenn Laura und er von der Hochzeitsreise zurückkämen, würde sie selbstverständlich Ordnung schaffen, wie es ihre Pflicht als Hausfrau erforderte, und er war sehr erstaunt, als sie es nicht tat. Sie verschlimmerte sogar die allgemeine Unordnung und ließ ihre Sachen dort liegen, wo sie sie gebraucht hatte: ihren Gartenhut auf der Truhe in der Diele, die Handschuhe auf dem Tisch, die Rosenschere draußen auf der Terrasse, wo sie im Regen rostete.

Auf seinen milden Vorwurf, den er sehr höflich ausgesprochen hatte, schaute sie ihn mit weitgeöffneten blauen Augen an und lachte. »Du hast ganz recht«, gab sie freimütig zu. »Ich bin nachlässig. Ich gebe es zu. Ich bin in Indien verwöhnt worden. Es war ein Fehler von Lawrence. Er sagte mir, ich solle mich um nichts kümmern – ein Diener würde alles wegräumen.«

»Indien ist nicht England«, warf er ein.

Mit ihrem gewohnten Frohsinn stimmte sie ihm zu. »Du hast recht, Leonard.«

Er sah sie prüfend an. War etwa eine Spur von spöttischer Absicht in ihrem hübschen Gesicht? Nein, er konnte nichts entdecken. Sie summte leise ein Lied vor sich hin, eine Angewohnheit, die ihr offensichtlich nicht bewußt war. Er konnte sich nicht erklären, was das bedeuten sollte. Sie summte, wenn sie mit einer Angelegenheit fertig war, sie summte, wenn sie eine Sache nicht beachtete oder wenn vermutlich gefühlsmäßig irgend etwas sie nichts anging.

Auf jeden Fall – dieses Summen setzte ihrer Diskussion stets ein Ende.

Trotzdem traute er sich, sie ein paar Tage später danach

zu fragen: »Liebling«, begann er, »ich liebe deine Stimme. Aber warum summst du andauernd?«
Im Wohnzimmer arrangierte sie gerade ein Rosenbukett in einer Vase, eine der wenigen Aufgaben, die sie regelmäßig erledigte. Sie hielt ein, ihre Augen voll Erstaunen weit geöffnet.
»Ich summe?«
»Ja, du summst. Mir macht es nichts aus, aber es ist vielleicht ein bißchen unhöflich. Man ist daran nicht gewöhnt.«
»Es ist wirklich unhöflich«, stimmte sie ihm bei. »Ich sehe es ein und werde mich bessern.«
Sie besserte sich wirklich, und zwar sehr gründlich. Sobald sie zu summen begann und es selbst bemerkte, hörte sie sofort auf, als hätte sie Gewissensbisse und legte ihre Hand auf den Mund.
»O Verzeihung!«
»Macht nichts«, lenkte er ein. »Es gefällt mir schon. Ich hätte nichts sagen sollen.«
»Doch, das war richtig«, beharrte sie. »Sonst hätte ich es ja nie gewußt. Ich bin wirklich unordentlich. Lawrence schimpfte auch mit mir deswegen.«
Er mochte diesen Vergleich mit ihrem verstorbenen Mann nicht.
»Liebling, ich schimpfe nicht mit dir.«
»Das stimmt, aber es ist fast dasselbe, mein Schatz. Du versuchst, mich zu erziehen, nicht wahr? Und ich nehme es dir nicht übel. Ich bin dir sogar dankbar. Ich möchte mich bessern. Lawrence hätte sich mehr um mich kümmern müssen, Liebling. Schon deinetwegen.«

Sie hatte ihn komisch angesehen und war dann in ein Lachen ausgebrochen. »Wie dumm bin ich – diese Idee, deinetwegen – mich zu bessern . . .«
Zu seiner Verwunderung ärgerte er sich sehr, und aus diesem Ärger sprach er wohl die unverzeihlichen Worte: »Ich wünsche, Laura, daß du von deinem ersten Mann nicht so oft sprichst. Es berührt mich mehr als seltsam, daß du ihn ständig erwähnst – oder vielmehr, daß du ihn nicht vergessen kannst.«
Ihr fröhliches Gesicht mit der etwas zu spitzen Nase wurde sofort ernst.
»Ich kann ihn nicht vergessen«, entgegnete sie. »Ich würde dich auch nicht bitten, Marian zu vergessen. Das kannst du ebenfalls nicht. Sie waren Teile unseres Lebens, oder nicht? Irgendwie leben sie noch in uns, nicht wahr? Es wäre falsch, wenn wir sie vergessen, denke ich.«
Das war der Beginn seiner scheußlichen Eifersucht. Obwohl er begriff, was sie meinte, und ihr auch zustimmte, war er eifersüchtig. Sie und Lawrence waren gleichaltrig, in derselben Stadt aufgewachsen und Mitschüler gewesen. Als Lawrence, Ende des britischen Weltreichs, nach Indien ging, folgte sie ihm in wenigen Monaten. Das hieß doch, daß sie nicht ohne einander leben konnten? Und war dem so, dann dachte sie nicht bloß an ihn, sondern sie pflegte sogar sein Andenken. Er grübelte über diese Sache nach und beobachtete sie, wie sie lebhaft und anmutig durch das Haus ging, oder wenn sie stundenlang träge in der Junisonne lag. Im Sommer fühlte sie sich schnell träge, nicht von Hitze oder Mü-

digkeit, sondern durch eine satte, fast sinnliche Art ihres Wesens.
Im Winter dagegen war sie ganz anders. Er hatte verwundert entdeckt, daß sie dann fröstelte und gereizt war. Das Haus schien nie warm genug, obgleich sie sehr dick angezogen war, und ihre Nasenspitze war immer rötlich. Nachts und am Tag, so bemerkte er, waren ihre Füße kalt, und bevor sie zu Bett gingen, rieb er sie mit seinen Händen warm und sorgte dafür, daß die Wärmflasche gefüllt war. Dieser Winter war allerdings nicht so kalt wie frühere in England. Er hatte schon kältere erlebt und sagte es ihr.
»Meine Liebe«, belehrte er sie, »du müßtest mehr körperliche Bewegung haben. Ein richtig schneller Spaziergang würde dir guttun.«
»Bitte, Leonard, verlange nicht von mir, daß ich in diesen schrecklichen, naßfeuchten Nebel hinausgehen soll.«
»Die Luft ist frisch«, drängte er.
»Die Luft ist kalt«, entgegnete sie beleidigt, »und ich hasse Kälte. Deshalb fuhr ich damals auch zu Lawrence nach Indien.« Als sie die beiden Worte wieder in Verbindung brachte, kam er zu einem Entschluß. Lawrence und Indien. Er würde sie mit nach Indien nehmen und dort feststellen, wohin ihr Herz gehörte.
»Liebling«, sagte er, als sie an ihrem Geburtstag gemeinsam im Dorchester zu Mittag aßen. »Ich werde dich für den Rest des Winters irgendwohin bringen – in die Sonne. Wohin sollen wir fahren?«
Ihr Gesicht strahlte in vollem Lächeln. »Nach Indien«,

hauchte sie. Sein Herz schlug schwer in das Schweigen. Sie wünschte, nach Ranapur zu fahren. Er nahm an, daß sie und Lawrence während ihrer fünfjährigen Ehe dort gelebt hatten, und er protestierte nicht. Mochte sie gehen, wohin sie wollte, er würde mit ihr gehen, um die Wahrheit zu erfahren. Daß Lawrence tot war und er, Leonard, lebte und mit ihr verheiratet war, bedeutete nur einen schwachen Trost. Wie konnte er sich jedoch trösten, wenn ihr Herz und Verstand nicht bei ihm waren? Bombay war scheußlich heiß. Sie blieben nur zwei Tage und wohnten in einem gewaltig großen, altmodischen Hotel, das wahrscheinlich ein Weltmacht-besessener Engländer gebaut hatte. Sie wollte so schnell wie möglich von dort weg.

»Nicht Bombay«, beharrte sie. »Ich mag Bombay nicht, Liebling. Diese fragwürdig-bunten Städte gibt es überall. Laß uns nach Ranapur fahren.«

Seiner Meinung nach glich ein Ort dem anderen, und so begaben sie sich nach Ranapur und kamen in einer unglaublich kurzen Zeit, wie die heutigen Flugzeuge sie ermöglichen, dort an. Er war über die hervorragende Ausstattung und den Service in dem neu eröffneten Hotel, einem ehemaligen Palast, dessen Zimmer alle über Privatbäder verfügten, überrascht. Der Palast stand inmitten eines Sees; nur mit Hilfe eines kleinen Bootes, das mit einem spuckend-stotternden Motor angetrieben wurde, konnte man zu ihm gelangen. Was ihm anfangs bequem erschien, dünkte ihm nach wenigen Tagen als Wohltat. Es konnte weder von Spaziergängern noch Passanten erreicht werden; vor allem nicht – was ihm

sehr angenehm war – von den überschäumend-lärmenden Einheimischen, welche die Fremden mit enthusiastischer Begeisterung, die beinahe an Gewalttätigkeit grenzte, willkommen hießen. Laura war absolut nicht damit einverstanden, sich auch tagsüber in der marmornen Kühle des Hotelpalastes aufzuhalten. Ungeduldig wartete sie darauf, hinaus in die Stadt zu kommen. Sie war morgens bereits voller Unruhe, bis er endlich aufstand und frühstückte. Sein Erstaunen, daß Eier so klein und braun sein konnten und dazu stark nach Schlamm schmeckten, das gleiche auch beim Fisch, den man ihnen mittags und abends servierte, ließ sie ungerührt und gedankenlos.
»Leonard, wirklich«, ereiferte sie sich, »sei nicht so entsetzlich englisch! Du kannst doch nicht erwarten, daß es hier wie in England schmeckt, denn dann wären wir ja nicht in Indien. Lawrence und ich aßen mit Vorliebe indische Gerichte. Er sagte immer: ›Das Essen ist ein wesentlicher Bestandteil des Landes‹.«
Das war genau nach drei Tagen, und er erwiderte schroff und beleidigt: »Meine Liebe, ich möchte dich doch bitten, mich nicht mit Lawrence zu vergleichen. Erlaube mir gefälligst, ich selbst zu sein.«
Sie lachte. »Natürlich, Liebling, das macht dich ja so interessant. Aber kann ich etwas für die Eier? Oder dafür, daß du keinen Bissen von den indischen Gerichten magst? Ich versichere dir, alle Speisen sind ganz mild zubereitet, für Engländer wie dich extra zart angerichtet. Du mußt unbedingt kosten, was die Inder essen.«
»Warum?« erkundigte er sich.

Mit großen Augen sah sie ihn an. »Es ist vielleicht besser, du ißt nichts davon«, pflichtete sie ihm bei.
Daß sie jetzt ein anderer Mensch war, konnte man nicht leugnen. Dieser Wandel lag weit hinter seiner Vorstellungskraft. Die fröstelnd-rotnasige Frau, die in der Kälte des englischen Winters in seinem Haus umhergeschlichen war, wurde in der Wärme Indiens zu einem befreiten und unbekümmerten Wesen. Sie blühte im glühenden Sonnenschein dieser trostlosen Stadt förmlich auf. Ihre Haut war frisch, ihre Lippen rot und ihre Hände und Füße warm wie die eines Kindes. Sie aß so viele Orangen, daß es ihn beunruhigte; denn er hatte einmal gelesen, daß durch die Hitze der Sonne zwischen den öligen Falten der Orangenschalen sich ruhrartige Bazillen entwickelten.
»Sei vorsichtig«, drängte er. »Du mußt das Obst gut schälen und die Früchte immer enthäuten, verstehst du?«
»Ach, das haben wir jahrelang nicht gemacht«, entgegnete sie und beachtete seine Ratschläge nicht.
Sie verzehrte ebenfalls mit großer Unbekümmertheit unbeschreibliche Mengen von Süßigkeiten, die aus Zucker, Sahne und Sirup, einem farbigen Teig, gemahlenen Nüssen und zerronnener Butter bestanden, und mit gleichem Appetit schwefelfarbige Currygerichte und scharf gewürzte Reis- und Gemüsespeisen, von denen er behauptete, sie schmeckten nach Schlamm. Dennoch war ihr Gesundheitszustand ausgezeichnet, während er, trotz strenger, rein englischer Diät, sich innerlich sehr elend fühlte.

»Das kommt daher, weil du mit dir kämpfst«, erklärte sie. »Du mußt dich völlig aufgeben.«
»Wofür?« wollte er wissen.
»Ach, für alles mögliche«, gab sie unklar zur Antwort. Es war nicht nur das Essen. Sie hatte unzählige indische Freunde, Menschen, mit denen sie sich auf Hindustanisch unterhielt und ihn davon völlig ausschloß, als wäre er gar nicht vorhanden. Hin und wieder bemerkte sie es.
»Oh, verzeih mir«, rief sie aus und legte ihre Hand auf die seine. »Ich vergaß es. Lawrence und ich haben diese Sprache gelernt. Sie fiel uns leicht.«
Lawrence und ich, Lawrence und ich! Er wußte, daß sie eine kleine Fotografie von ihm irgendwohin gesteckt hatte und sie als Lesezeichen benutzte. Soweit er das beurteilen konnte, wollte sie sie nicht verheimlichen. Es war mehr ein Zufall, daß das Bild zwischen alten Briefen, zwar keine von ihm, lag, die eine indische Freundin damals gefunden hatte, als Laura das Haus nach dem Tod ihres Mannes verließ, und die Briefe bis zu einem Wiedersehen aufbewahren wollte. Das hatte sie ihm einmal ziemlich gleichgültig erzählt.
»Was ist das?« hatte er gefragt, als das Foto aus dem Buch fiel, in dem sie gerade las.
»Oh, das – das ist ein Bild von Lawrence, als wir zum ersten Mal nach Indien kamen. Eine Freundin hat es aufgenommen.«
Er betrachtete das schöne, junge Gesicht, das er arrogant fand. »Sah er so in Wirklichkeit aus?«
»Ja, wenn er gut gelaunt war. Er hatte ein ungestümes

Temperament, das von einer Minute auf die andere umschlagen konnte. Keiner kannte ihn richtig.«

Niemals hätte er die Wahrheit erfahren, wäre nicht die Maharáni gewesen. Der Maharadscha von Ranapur kannte ihn sehr gut, und er hatte Laura und ihn zum Dinner eingeladen; er war sich jedoch nicht sicher, ob diese Einladung nicht hauptsächlich Lauras wegen ergangen war. Dank seiner guten Beziehungen zu englischen Geschäftskreisen war es verständlich, daß der Maharadscha, ein strebsamer, junger indischer Geschäftsmann, die Verbindung zu einem älteren Vorstandsmitglied einer der größten Londoner Banken zu pflegen wünschte. Sein Wort hingegen würde ausreichen, um ein gewährtes Darlehen bereitwillig in der Höhe zu verschaffen, die der Maharadscha brauchte, um auf seinem Gebiet Zinkminen zu erschließen.

Während des vorzüglichen englischen Dinners, das von drei Dienern in weißen Uniformen mit scharlachroten Schärpen und Turbanen serviert wurde, hatten er und der Maharadscha sich angeregt unterhalten. Der Inder, ein junger, moderner Sohn eines großmächtigen Prinzen, plante Gewaltiges für die Hauptstadt von Ranapur. »Wir werden ein Lebensalter überspringen, Sir«, verkündete er in seinem geschmeidigen, sorgfältig korrekten Englisch, die Konsonanten abgeschwächt, in rhythmischen Tonfall typisch unenglisch. »Wir bewegen uns direkt und gemeinsam auf das Jet-Zeitalter zu. Transport heißt die Devise, Sir. Nicht die Passagiere haben weiterhin den Vorrang, Sir. Und ich werde aus Ranapur die größte Touristen-Attraktion Indiens machen, Sir.

Die modernsten Hotels der Welt – wie gefällt Ihnen übrigens mein Palast-Hotel, Sir? Bequem? Wirklich? Sie müssen sich sofort bei mir beschweren, wenn Sie nicht den höchsten Komfort vorfinden. Was die Minen betrifft, so werde ich außer Zink auch noch andere Metalle fördern lassen. Dieses Gebirge Sir, auf dem so wenig Gras und gar kein Wald wächst, verbirgt seltene und ungewöhnliche Metallschätze. Bei mir arbeiten Geologen, übrigens hervorragende Wissenschaftler, die mir berichteten, Sir, daß es für England die beste Geldanlage wäre, uns das Kapital zu leihen. Ich möchte mich nur ungern an die Amerikaner wenden, bevor ich mich mit den Engländern in Verbindung gesetzt habe. Und die Russen setzen uns unter Druck, indem sie nur geringes Interesse zeigen.«

Er merkte sehr wohl, daß dieser dunkle, schöne junge Mann ihn sanft erpressen wollte, und er lächelte und antwortete nüchtern, daß er als Engländer und Abgeordneter des großen Commonwealth für ihn die erstbeste Gelegenheit wahrnehmen würde. In diesem Augenblick erhob sich die Maharani. Das Dinner war mit einer sehr süßen Mandelcreme beendet worden, ein übles Konfekt, von dem er nur probiert und den Rest auf seinem Teller liegengelassen hatte.

»Wir wollen in den goldenen Salon gehen«, sagte sie mit ziemlich farbloser, doch heller Stimme, »denn dort sind wir vier unter uns.«

In dem goldenen Salon setzte sie sich auf ein breites, mit Goldbrokat ausgeschlagenes Sofa. Die Diener schenkten Kaffee in kleine Goldtassen ein und boten

Platten voller Süßigkeiten an. Er fühlte, daß es seine Pflicht war, sich ihr einige Minuten zu widmen, da der Maharadscha ihn während des Dinners für sich in Anspruch genommen hatte. Laura dagegen bewunderte die ausgestopften Tiger in der großen Eingangshalle, sechs an der Zahl, und eine Reihe Tigerfelle lagen als Teppiche auf dem Boden.

»Ein Tigerland, Madam«, hörte er den Maharadscha berichten. »Ich bin Jäger und meine Söhne auch. Wir haben in den Bergen Schießstände. Jedes Jahr gehe ich einige Male zur Jagd. Augenblicklich, fürchte ich, bin ich zu beschäftigt. Zudem haben wir genügend Tigerfelle; ich werde mit Hilfe Ihres Gemahls hoffentlich andere, aufregendere Tätigkeiten finden.«

Sie gelangten außer Hörweite, und er blieb mit der Maharani allein, eine zarte Gestalt, bekleidet mit einem weißen Seidensari. Sie war nicht mehr jung, aber auch noch nicht alt, ein Zwischenstadium, das Frauen, die von Not und Arbeit verschont bleiben, lange beanspruchen können.

Wie er bemerkte, hatte sie ein ernsthaftes, in sich zurückgezogenes Naturell, ihre dunklen Augen schienen nachdenklich und ruhig.

»Mögen Sie die Tigerjagd?« fragte er, als die Stimme des Maharadschas aus der Halle wieder herüberklang, der Laura ausführlich die Methoden dieses Sports beschrieb.

Die Maharani hob ihre bleichen Augenlider: »Ich? O nein, ich bin *ahimsa.* Ich halte nichts vom Töten.«

»Auch nicht das von Tigern?«

Sie lächelte behutsam und setzte ihre kleine goldene Tasse nieder.
»Auch das von Tigern nicht. Die Tiere verletzen keinen, solange man sie nicht erschreckt. Sie schleichen durch den Dschungel und sind zufrieden.«
»Aber sie leben doch vom Töten.«
»Ja, aber ich bin nicht verantwortlich dafür, was sie tun, sondern nur für mich. Ich esse kein Fleisch.«
»Ihre Söhne –?«
Sie unterbrach ihn: »Sie sind keine Kinder mehr. Auch für sie bin ich nicht mehr verantwortlich – ich bin es nur für mich.« Sie war keine schöne Frau. Sicherlich, so dachte er, war ihre Ehe eine Pflichtheirat gewesen, und er konnte sich nicht vorstellen, daß dieser kräftige, überschwengliche Mann, mit dem sie verheiratet war, sich mit dieser Ruhe begnügen konnte, in der sie zu leben schien. Indien war voll schöner Frauen. Sie sprach bereits weiter:
»Ich bin froh, daß wir für einen Augenblick allein sind. Ich wollte Ihnen sagen – Ihre Frau ist eine liebe Freundin von mir.«
»Wirklich, Eure Hoheit? Sie hat es mir nie erzählt.«
»Vielleicht weiß sie es selbst nicht. Aber sie half mir einmal sehr – als ich Hilfe brauchte. Und daher bin ich froh, sie glücklich zu sehen und um Jahre jünger, als sie damals ausschaute. Das bedeutet doch, daß Sie gut zu ihr sind.«
»Ich versuche es. Wissen Sie . . .«, er hielt inne. Wie war es möglich, dieser stillen Frau zu erklären, was er für Laura empfand? Dennoch hatte er den Wunsch, mit

ihr über Laura zu sprechen. »Wissen Sie, sie bedeutet mir sehr viel. Ich liebte meine erste Frau, aber Laura ist – sie gleicht einem Kind, das Glück braucht oder – oder sonst stirbt. Es gibt solche Kinder. Die Menschen sind unterschiedlich. Die einen können ohne Glück und Liebe aufwachsen. Vielleicht werden sie sogar schneller groß. Die anderen jedoch – welken und sterben. Ich bin nicht sicher, ob ich – ob ich der Mann bin, der die Atmosphäre zu schaffen vermag, in der Laura gedeihen und blühen kann. Einerseits bin ich wesentlich älter, andererseits bin ich übertrieben besorgt, was mir selbst nicht gefällt.«
Die Maharani machte eine schnelle Handbewegung. Sie hatte erstaunlich junge und flinke Hände. Ihre dunklen, leicht traurigen Augen strahlten gleichsam. »Sprechen Sie nicht weiter, Sir«, meinte sie mit plötzlicher Energie. »Ich versichere Ihnen, daß Sie genau die richtige Atmosphäre für Laura schaffen. Hätten Sie nur ihren ersten Mann gekannt, diesen grausamen, anmaßenden, unmöglichen –«
Die Worte tropften in sein Ohr wie Regen auf die Wüste, heilsam und segenbringend.
»Kann das denn sein –?« murmelte er.
»Es war so«, beharrte sie.
Er hörte ihr zu, seine Augen fest auf ihr Gesicht geheftet. Warum schien sie ihm vorhin unansehnlich? Sie hatte eine innere Schönheit, doch ein Gedanke hemmte seine Verwunderung.
»Warum hat sie mir nie davon erzählt?« wollte er wissen.

»Ich bezweifle, ob sie es weiß«, sagte die Maharani ruhig. »Sie war sehr verliebt in ihn, als sie jung verheiratet waren. Sie lachte über seine anmaßende Art und weigerte sich, ihm zu gehorchen. Dann bemerkte ich einen Wandel. sie lachte nicht mehr, wenn er sie kritisierte; zum Beispiel, wenn ihr Haar unordentlich war.«

»Ja, sie hat schönes Haar, weich und dicht – vielleicht schwierig zu pflegen.«

»Sie begann, ihm zu gehorchen, anstatt über ihn zu lachen«, fuhr die Maharani fort. »Es war ein großer Wandel, und ich weiß nicht, ob sie das selbst bemerkte. Ich erkannte es, weil sie bei uns Schutz suchte.«

»Bei Ihnen?«

»Nicht bei mir persönlich. Ich bin nicht viel unter Menschen. Ich lebe sehr zurückgezogen, denke ich. Ich bin in Einsamkeit aufgewachsen – die einzige Tochter in einem Palast unter lauter Brüdern. Ich wurde nie in eine Schule geschickt. Englische Erzieherinnen nahmen sich meiner an. Ich eigne mich schlecht für Freundschaften. Nein, wenn ich sage *uns,* so meine ich Indien.« Er stand ihr, mit fragenden und verwirrten Augen, schweigend gegenüber. Sie sprach weiter und schenkte ihm noch eine Tassee Kaffee ein. Als er dabei zufällig ihre Finger berührte, fühlten sie sich unter ihren Diamant- und Smaragdringen kalt an.

»Oh, ich weiß sehr gut, was Sie jetzt bewegt. Sie denken an unsere staubigen Straßen und an die vielen schmutzigen Kinder in ihren zerrissenen Kleidern aus Lumpen. Ich teile Ihre Gedanken. Wir können Ihnen nicht liebenswert erscheinen. Natürlich leben wir in einem öden Gebiet. Wasser ist überall knapp, außer in dem See, den man vor Jahrhunderten anlegte, als die Talsperre zwischen zwei Bergkuppen gebaut wurde. Aber der See gehört unserer Familie, nicht dem Volk; auch wenn dieses Volk sich und seine Kleider, so oft es wollte, in diesem See, auf den Stufen vor unserem Tempel, waschen durfte. Aber das ist nicht dasselbe, als ob sie Wasser in ihren Häusern hätten. Man kann es den Frauen nicht verdenken, wenn sie das ganze Wasser für ihren Haushalt in einem Messingtopf auf ihrem Kopf heimtragen.«

»Natürlich nicht«, versicherte er und spürte ihre stolze Selbstverteidigung.

Sie aber bemerkte das Zögern in seiner Antwort: »Oh, Sie denken, mit dem Geld, daß unsere Vorfahren mit diesen großen Palästen verschleuderten – nun, niemand dachte in jenen Tagen an etwas anderes. Die Menschen hatten Arbeit, das genügte. Und mein Mann, der Maharadscha . . .«

»Bitte«, lenkte er ein, »sprachen wir nicht über meine Frau? Ich bin Ihnen so dankbar, daß Sie mir von ihr erzählen.«

Sie gewann ihre Ausgeglichenheit zurück; denn sie hatte eine Zeitlang geschwiegen und begann nun lebhaft und aufschlußreich über diese andere Frau zu sprechen. »Ihre Frau hat einen guten Charakter. Sie tut so, als würde sie die schmutzigen Kinder nicht wahrnehmen oder sie merke nicht, daß sie anders sind als – nun, als die Kinder in England. Am liebsten würde sie eines dieser Kinder in ihre Arme nehmen und es liebkosen, verschmutzt und zerlumpt, wie es ist. Sie sieht wohl nur die kleinen, zarten Gesichter. Einmal, so erinnere ich mich, hob sie ein kleines Mädchen aus dem Rinnstein auf und rief mir zu: ›Schauen Sie her – haben Sie jemals solche Augen gesehen? Warum haben diese Kinder solch herrliche Augen?‹ – Und das stimmt, das wissen Sie auch. Sie haben große schwarze Augen.«

»Ich weiß es«, bejahte er und verschwieg ihr, was er noch gestern zu Laura gesagt hatte, als sie bei ihrem Spaziergang zu einem Basar kamen. Sie wollte ein paar silberne Armreifen kaufen, und eine Anzahl von Kinder umringte sie plötzlich.

»Laura«, rief er, »paß auf, laß dich nicht anfassen!«

»Warum nicht?« hatte sie zurückgefragt. »Sie sind doch so süß.«

»Sie sind schmutzig«, war seine ungeduldige Antwort.

»Es ist aber sauberer Schmutz«, hatte sie gesagt. »Es ist schön, darin zu spielen. Als ich klein war, spielte ich auch oft im Schmutz.«

Eine unpassende Bemerkung, fand er und ihn durchzuckte es, als sie ihre Hand ausstreckte und einem kleinen Mädchen das schmutzige Haar kraulte und zauste, bis das Kind freudig loskicherte.

»Es waren nicht nur die Kinder«, meinte die Maharani. »Sie suchte bei uns allen Zuflucht, als hielte jeder für sie eine Blume der Liebe bereit. Wir lieben sie, verstehen Sie? Warum? Weil sie nie versucht hat, uns zu vervollkommnen. Im Gegenteil, sie möchte, daß wir es aus freien Stücken tun. Das ist ein großer Unterschied.«

Er sah sie prüfend an und ihm schien, als würde er diese

Frau schon lange kennen. »Haben Sie mir etwas ganz Bestimmtes zu sagen?« fragte er frei heraus.
»Aber nein«, erwiderte sie. »So vermessen bin ich nicht und auch nicht so naiv. Ich habe Ihnen nichts Bestimmtes zu sagen. Sie werden selbst herausfinden, warum Ihre Frau nach Indien zurück will. Sie wird so lange den Wunsch haben zurückzukommen, bis Sie selbst es merken. Merken Sie es jedoch nie, dann wird sie eines Tages allein hierherfinden und für immer bei uns bleiben. Sie werden sie dann verloren haben.«
Damit endete ihre Unterhaltung. Sie verharrten schweigend; sie wollte nichts mehr sagen, und er wußte nicht, was er sagen sollte. Dann kamen Laura und der Maharadscha zurück.
»Der Tiger fällt keinen Menschen an«, erklärte der Maharadscha, »solange er kein Menschenblut geleckt hat.«
»Bitte«, bat die Maharani, »wir wollen nicht über Tiger und auch nicht über Blut sprechen.«
Der Maharadscha lachte. »Die Maharani würde uns am liebsten die Tiger streicheln lassen.«
Laura sprang ihr sofort zur Verteidigung bei: »Die Maharani will nicht die Sünde begehen, anderen Schmerz zuzufügen.«
Zwischen den beiden Frauen wechselte ein Blick aufrichtigen Einvernehmens.
Schlaflos grübelte er nachts darüber nach, was ihm die Maharani erzählt hatte. Sein Bett bestand aus einer auf Brettern liegenden Matratze. Sie war hart, stützte aber zugleich seinen großen, schlanken Körper. Es war bequem, aber nicht luxuriös, eine Lage, die zum Nach-

denken anregte. Was war das nur für eine Atmosphäre hier in diesem bemerkenswerten Land, die trotz Schmutz, Ungeziefer und Mangel an Hygiene das Gefühl und die Sicherheit gab, dem Menschengeschlecht in einem Maß anzugehören, das man allumfassend nennen mußte? Gewiß, in London hatte er seine eigene, freundliche Welt, bestehend aus Männern wie er selbst – angesehen, fleißig und zufrieden, innerhalb eines Kreises anderer Leute, mit denen er gelegentlich Kontakt hatte. Darüber hinaus, so wußte er, gab es Millionen, mit denen ihn außer dem Wetter nichts Gemeinsames verband, und darin mußte er natürlicherweise mit ihnen einer Meinung sein. Er hegte keinen Zweifel, daß sie im gleichen Sinne wie er menschliche Wesen waren. Hier allerdings, obgleich er sich ganz als Engländer gab, hier, so spürte er deutlich, wurde er, ohne nach seinen Wünschen und Begehren gefragt zu werden, in eine große menschliche Gemeinsamkeit aufgenommen, von der er annehmen mußte, daß ihn nichts mit ihr verband; denn er schätzte weder ihr Essen, ihre Lebensart, noch konnte er ihre Sprache verstehen. Er fühlte einfach, daß sie ihn mochten, weit mehr, daß sie ihn akzeptierten, so wie er war. Wenn er sich darüber beklagte, daß das Badewasser zu kalt war, was sehr häufig vorkam, bemühten sie sich sofort, es zu erhitzen; schafften sie das nicht, so schleppten sie, als Ersatz für die schwache Heizanlage, heißes Wasser in großen Kupfereimern herbei. Sie erfüllten seine Wünsche, bevor er sie aussprach, und nie hörte er die leiseste Kritik über seine übertrieben anmutenden Wünsche.

Sie ließen ihn spüren, daß sie ihn mochten, wie er war. Zeigte er sich verärgert, was zweimal vorgekommen war, so schauten sie ihn freundlich und verwundert an, und anstatt zu nicken, wackelten sie mit ihren Köpfen von links nach rechts, wodurch sie ihre Zustimmung und Bejahung ausdrückten. Daher konnte er sich nun nicht mehr erinnern, worüber er überhaupt verärgert gewesen war. Außerdem fühlte er sich von jetzt an sehr entspannt und bezweifelte, ob er jemals wieder, zumindest solange er in Indien war, seinem Ärger Ausdruck verleihen würde.

Mit diesem beruhigenden Gefühl schlief er ein und erwachte ausgeruht und erleichtert am nächsten Morgen, was ihn verwunderte, und da fiel ihm sein Gespräch mit der Maharani ein. Laura und er frühstückten gemeinsam auf der kleinen marmornen Privatterrasse, als er sich der Unterhaltung von gestern erinnerte.

»Meine Liebe«, sagte er, »ich möchte dir fast ein Geständnis machen.«

»Warum tust du es denn nicht?« fragte sie.

»Ich möchte dir zuerst sagen, wie entzückend du in dem blauen Leinenkleid aussiehst.«

»Aber Leonard«, lachte sie, »noch nie hast du mir so etwas Reizendes gesagt.«

»Dann möchte ich mich dafür entschuldigen«, erwiderte er schnell, »denn du siehst fast immer entzückend aus und wenn nicht, so war es deswegen, weil ich dich erziehen wollte und vergaß, dich zu akzeptieren, wie du bist. Du weißt genau, daß ich dich auch heiratete, weil du entzückend bist.«

Sie errötete leicht und gestand: »Du verwirrst mich. Ich weiß nicht, was ich davon halten soll, Leonard.«
»Liebling«, drängte er sanft, »warum hast du mir nicht gesagt, daß Lawrence so grausam zu dir war?«
Die Röte wich aus ihrem Gesicht. »Woher weißt du das?«
»Ich bin nicht mehr eifersüchtig auf ihn«, behauptete er. »Ich weiß es einfach. Und ich weiß auch, daß du nicht seinetwegen nach Indien zurück wolltest.«
»Das stimmt«, bejahte sie rasch.
»Und warum wolltest du wieder hierherkommen?«
Sie senkte den Kopf.
»Du weißt es nicht?«
»Doch«, beteuerte sie, »nur hier geht es mir gut.«
»Und auch vor mir suchtest du hier Schutz?«
Sie beugte nun ihren Kopf so tief herunter, daß ihr Haar über ihr Gesicht fiel. »Vielleicht.«
»Weil ich dich zu quälen begann – wie Lawrence?«
»Das stimmt nicht.«
»Doch, es stimmt.«
Er ergriff ihre Hand über dem Tisch und streichelte sie zart.
»Indien war eine lange, lange Zeit für dich da und wird es immer sein. Und du sollst so oft hierkommen, wie du willst – wann immer du es wünschst.«
Aus dem Bougainvillea-Strauch, der sich weit über die Terrasse neigte, flog ein Vogel herunter. Er wollte ihn wegscheuchen, aber sie hielt ihn davon ab und rief ihm zu: »Oh, vertreib ihn nicht – er ist es gewohnt, mit den Menschen zu essen.«

Das zutrauliche, kleine Wesen, eine Schwalbenart, so glaubte er, ein niedliches, junges Geschöpf, mit braunen Federn und weißer Brust, hüpfte bis zu seinem Teller und pickte von seinem Toast. Sie blieben still sitzen, bis er genug gefressen hatte und wieder wegflog. Vögel und Tiere nehmen in diesem außergewöhnlichen Land am menschlichen Leben teil; Affen schwingen sich mitten in der Stadt von den Hausgiebeln auf die Bäume, Kühe trotten gemächlich durch die überfüllten Straßen, halten beim Anblick von Eßbarem und verschlingen das Angebotene, sei es Brot, Früchte oder Gemüse wie selbstverständlich. Er hatte einmal eine Kuh beobachtet, die eine mit Lebensmitteln gefüllte Tüte in aller Gemütsruhe auffraß. Hunde schliefen inmitten der Straße, während Menschen und Fahrzeuge einen Bogen machten, um sie nicht zu wecken. Als er gestern mit Laura Geschenke für seine Söhne einkaufte, sah er ein Eichhörnchen, das auf einem Ladentisch hockte und einen Sonnenblumenkern aufknackte, den der Besitzer ihm gegeben hatte.

»Ihr Lieblingstier?« hatte er sich erkundigt.

Der Mann hatte gelacht: »Ich bin sein Lieblingstier.«

»Kann ich jetzt weitersprechen, da unser Vogelfreund weg ist?« fragte er Laura. »Vorausgesetzt, es interessiert dich.«

»Mich hat noch nichts so sehr in meinem Leben interessiert wie das«, sagte sie ernst.

»Gut, dann will ich fortfahren«, erwiderte er. »Ich weiß nun, daß mein Rivale in deiner Liebe kein Mann ist, mein Liebes, sondern ein Land. Indien – Indien! Du

liebst Indien – ich muß mich weiter vervollkommnen, nicht du. Kann ein Mann wie ich, der dich liebt, es überhaupt mit all diesem aufnehmen?«
Seine Hand beschrieb eine Geste, die alles einschloß: die marmorweiße Stadt, die Paläste, die Seen, die kahlen, schönen Berge, die sich silbergrau gegen den blauen Himmel abhoben. »Das Land der Märchen und der Liebe«, beteuerte er. »Kann ich dir das in England ersetzen?«
Selbst als er sie bat, ihn zu heiraten, war er nicht so ernst, so unsicher gewesen wie eben jetzt. »Kann ich mich selbst behaupten – gegen Indien?«
Seine Hände ruhten auf dem Tisch, die Handflächen offen, um ihre Hände zu empfangen.
»Du mußt es versuchen«, gab sie zur Antwort, und nach kurzem Zögern legte sie ihre Hände, zu kleinen Fäusten geballt, in die seinen, die er fest umschloß.
Dabei schaute sie ihm suchend und aufrichtig in die Augen und bewegte ihren Kopf von links nach rechts, in der Art indischer Bestätigung, eine Geste, die er bisher befremdlich fand und die ihm nun verehrungswürdig vorkam.
»Ja«, sagte sie, »ja, du kannst dich behaupten, das glaube ich fest, selbst gegen Indien.«

Pearl S. Buck

Band 8330

Band 8331

Band 8332

Band 8335

Band 8336

Band 8387

Fischer Taschenbuch Verlag

fi 1551/1

Pearl S. Buck

Die Frau, die sich wandelt
Roman. Band 8329

Eleanor, eine erfolgreiche Schriftstellerin, steht am Wendepunkt ihres Lebens. Ihre steile Karriere hatte keinen Platz mehr für die Zuneigung eines Partners – bis sie sich aus ihrer Starre löst und ihre eigene Verwandlung erlebt.

Die Frauen des Hauses Wu
Roman. Band 8387

»Eine fesselnde chinesische Familiengeschichte und zugleich eine einmalig schöne Liebesgeschichte.«
St. Galler Tagblatt

Ein wichtiges Buch zum Verständnis von Pearl S. Bucks Werk.

Fischer Taschenbuch Verlag

fi 882/1

M. M. Kaye
Palast der Winde
Roman
Verfilmt mit Ben Cross und
Omar Sharif
Fischer

M. M. Kaye
Schatten über
dem Mond
Roman
Fischer